伊犁师范大学博士科研启动基金资助出版
伊犁师范大学学术著作出版经费资助出版
伊犁师范大学中国语言文学重点学科资助出版

中国现代哈萨克语
社会称谓系统研究

迪亚尔别克·阿力马洪　著

民族出版社

前　言

　　"称谓"或"称谓语"，是"人们由于亲属或别的方面的关系，以及身份、职业、性别等而得来的名称"，是"体现社会中普遍存在的尊卑长幼、远近亲疏概念的人际称谓"。简单说称谓语就是对人的称呼，从不同的角度可分为自称和他称、对称和引称、谦称、敬称、爱称、蔑称等。从交际对象角度划分，可以分为面称和背称。根据其适用范围，可分为亲属称谓语和社会称谓语，社会称谓语又可分为职业称谓语、通用称谓语和姓名称谓语等。社会称谓语按照它们的交际功能又可以分为6个层次：社交称谓、关系称谓、职衔称谓、谦敬称谓、亲昵称谓和戏谑称谓。称谓语的使用范围较广，分类标准也不同，可以分为广义的和狭义的两大类。广义的称谓系统可泛指一切人和物，狭义的称谓系统指人类在社会交际中所使用的各种称呼语，即人际称谓系统。

　　称谓语不仅是语言系统中重要的组成部分，由于同社会文化密切相关，能够反映出社会人际关系的人文背景、民族特点、历史演变等社会学、人类学、民族学、历史学的广博内容，因此称谓语是语言学及人文学科研究的重要领域。

称谓语同样是哈萨克语的重要组成部分，也承载着哈萨克族的历史文化。称谓是运用语言进行交际的第一关，其运用是否得体恰当直接关系到交际是否能够顺利进行及其所取得的效果，因此，称谓系统研究是语言研究，尤其是词汇学研究的一个重要领域。解决正确运用称谓的问题（即如何恰当地称呼自己及他人），不仅仅限于语言本体的范围，还涉及语用原则与策略、文化语言学、社会语言学等分支学科的内容，因此，在进行语言本体共时研究的基础上，还要从多种分支学科的视角分析称谓系统。

本书对哈萨克语社会称谓语进行系统研究，从形式与意义两个方面入手。从形式方面看，全面认识哈萨克语中的称谓系统，对哈萨克语中的称谓及其构成模式和运用规则做明确的界定，例如排除一些临时性的组合，如：ayawlï sabaqtas "亲爱的同学" 之类。从意义方面来讲，把称谓系统中的称谓语按照意义范畴归纳为不同的分层分类系统，以便展示称谓系统的总体结构，也便于人们的正确选用。

上述观点决定本书研究包括以下三个方面：一是从语言结构方面分析称谓语的构成特点。二是从社会功能角度构建称谓系统，对称谓语进行语义分类。三是从语用学方面分析称谓语的使用特点，如尊称、谦称的运用和其中包含的感情色彩。

总体看，本书共分五章，主要包括以下几个内容：

绪论。主要阐述本书的选题及其意义，国内外研究相关动态，本书的主要研究方法，研究中可能出现的问题及解决的方法，获取语言数据范围等。

第一章　称谓概述。首先对称谓语的概念进行了介绍，探讨称谓概念及称谓系统的分类情况，称谓的应用特点与目的，以及称谓语的基本情况等。

第二章　哈萨克语社会称谓语的类别。本章对哈萨克语社会称谓语的类别进行细致的分析与描写，本书在已收集和整理的相关材料的基础上，依据哈萨克语社会称谓语所体现的社会功能、社会成员及各自的不同用法对哈萨克语社会称谓语的权威分类方法，对本研究对象所出现的社会称谓语进行细致的分类与描写。哈萨克语社会称谓语主要分为哈萨克人名称谓语、哈萨克语的拟亲属称谓语、哈萨克语社会关系称谓语、哈萨克语的身份类社会称谓语、哈萨克语的人称指代称谓语、哈萨克语的情感称谓语（哈萨克语的爱称、哈萨克语的敬称与谦称）、哈萨克语的通用称谓语、哈萨克语中的特殊领域称谓语（哈萨克语中的女性称谓语、哈萨克语中的年龄称谓语、哈萨克语中的老人称谓语、哈萨克语中的儿童称谓语）、哈萨克语的校园称谓语等。

第三章　哈萨克语社会称谓语的构成手段。对哈萨克称谓语的构成手段进行了分析和描写。对构成社会称谓语的分析性手段、综合性手段、修饰手段等做了深刻研究。

第四章　哈萨克语社会称谓语的语用研究。本书对哈萨克语社会称谓语的语用功能（角色认同功能；礼貌功能；情感指示功能；提醒注意，引出话题的功能；反映关系的功能）和哈萨克语称谓语的使用原则（合作原则、经济原则、年龄原则、地位原则、礼貌原则、亲疏原则）以及对社会称谓语在特定场合的运用与功能进行深刻的研究。

第五章　哈萨克语社会称谓语的社会文化研究。对哈萨克语社会称谓语的文化内涵进行了研究，包括社会称谓语的使用现状、发展趋势、哈萨克语中的某些社会称谓语的时代变迁及其成因，哈萨克语社会称谓语中性别词汇的特征、哈萨克语称谓语中性别词汇的标记性、哈萨克语称谓语中性别词汇的语序特征、哈萨克语称谓语中性别歧视语的使用情况、哈萨克语称谓语的禁忌与避讳（禁忌的来源、禁忌与人类的宗教信仰有着密切的关系、禁忌与人类的风俗习惯息息相关）、哈萨克语称谓语的禁忌与避讳的分类（禁忌与避讳的异同、禁忌与避讳的文化内涵、哈萨克语禁忌与避讳的主观内容、哈萨克语禁忌与避讳的民族特点及语言特征、"避讳"的使用价值与社会功能）等进行了详细的研究。

结论　对整个文章框架、结构、内容等进行详细的论述与探讨。

此外，在附录部分中，在本书研究的基础上提供了哈萨克语称谓语汇索引和哈萨克语构成称谓的句法模式索引，以便于研究和此后的应用。附录部分是本题研究的主要成果之一，也是本书研究中不可忽视的一部分。

目 录

绪　论

一、选题意义

本书在前人研究的基础上，对现代哈萨克语称谓语系统作出进一步研究。哈萨克语称谓语系统的研究所涉及的范围较为广泛，所包含的内容也较多，预期成果不仅能拓展称谓语研究的理论视野，同时也能充实民族语言的词汇学研究成果。总的来说，本书的选题意义和学术价值主要体现在以下几个方面。

（一）理论方面的意义

第一，从词汇学角度看，称谓语是语言不可分割的重要部分。对现代哈萨克语社会称谓语的研究在哈萨克语词汇学理论研究中具有重要的参考价值。本书在国内首次从结构语言学和功能语言学的角度对哈萨克语社会称谓语进行较为系统的收集、整理、描写。为解决哈萨克语词汇学中的称谓语问题打下比较好的基础。

第二，称谓语研究有助于我们加深对语言系统规律的认识，有助于解释语言内部的发展变化，以及外部因素对语言结构本身的影响。但至今为止，哈萨克语称谓语研究只限于亲属称谓和部分姓名词语的研究，基本没有涉及社交关系称谓、情感称谓、职别称谓、通用称谓、指代人称称谓等社会称谓的研究。本书首次针对这些空白领域的社会称谓的形式和意义进行研究，对哈萨克语及与其他语言的对比研究等方面也具有理论和实践方面的意义。

（二）现实意义

对称谓词语的分析，也具有现实意义，我们在不同的场合对于不同对象使用恰当的称谓词语，以便更好地建立人际关系。

第一，从第二语言教学的意义上讲，对称谓词语的研究与分析，具有实际的教学意义。重视称谓语的研究有助于克服学习者的跨文化交际障碍，从而促进哈萨克语教学的发展。传统的语言教学将重点放在了语言的结构、语言的形式、词汇等基本的语言技能上，却忽视了语言的语用功能，不利于学生在日常生活中培养交际能力。而现代语言学教学更加重视学生的交际能力培养。因此将社会称谓各方面的研究成果应用到现代语言教学中，可以提高教学质量，使学生更准确地掌握称谓语的使用，减少日常交际中的语用失误。

第二，从功能角度看，具有较高的使用价值。在社会交际中，以及在新闻传播语言和译文当中，社会称谓语的准确应用能起到重要的导向作用，同时也会对社会的精神文明建设发挥积极的作用，等等。

总之，哈萨克语称谓语的研究对哈萨克语言学中的许多问题的研究与解决都将有很大的启发。

二、国内外研究相关动态

（一）国外研究情况

目前国内外关于语言称谓系统的研究不断发展，无论是描写语言学、社会语言学，还是语用学、认知语言学都非常重视称谓语的研究，出版或发表了不少相关的研究成果，从不同的方面介绍具体语言中的称谓语，或揭示其称谓系统；也有的从民族学、民俗学、心理学等学科的角度进行研究。西方称谓语研究的代表成果有 Roger Brown 与 Albert Gilman 在 19 世纪 60 年代关于代词对称中的权势与同等语义关系的研究。他们通过对欧洲主要语言系统的调查，概括出代词对称的两种基本语义关系，即权势与等同（power and solidarity），分别用 V 和 T 表示，V 指代礼貌的尊称形式，T 指代亲近形式，提出 V 和 T 的选择受权势与等同语义的影响等主要观点。关于哈萨克语称谓系统的研究，哈萨克斯坦学者 W.yïtbayov 在《哈萨克术语学基础》（哈萨克文，阿拉木图，热万出版社，1997）的第三章中有所涉及，为哈萨克语的称谓研究提供了有价值的参考资料。哈萨克斯坦学者 Nağïyma Mäsimqanova 在《远古哈萨克社会中的职衔结构》（哈萨克文，阿拉木图，额吾偌出版社，2015）中对远古时期至现在哈萨克社会中的职衔称谓作了详细的介绍与阐述，并对哈萨克职衔称谓的渊源、语义与语用等方面进行了深刻的分析。Ayman Qobïlaova 在《哈萨克词语礼节》（哈萨克文，阿拉木图，佩热内特出版社，2001）中对哈萨克词语的语义与语用特点及其应用范围等方面进行了深入探讨。这是迄今为止国外仅有的涉及哈萨克语称谓的相关资料。

（二）国内研究情况

1. 国内其他语言的相关研究

国内学者运用现代语言学理论对称谓语和称谓系统所作的研究开始于 20 世纪 50 年代。赵元任对现代汉语称谓系统进行的细致描述可以说是我国语言称谓系统研究的开山之作。自 20 世纪 80 年代以来，出现了一些相关的研究成果，就所研究的语种而言，主要涉及汉语、英语、俄语、傣语、彝语、黎语、景颇语、阿昌语、壮语等，维吾尔语也有相关的零星研究。如：帕热扎提·买苏提在《维吾尔语亲属称谓系统研究》[①]这一博士毕业论文中对维吾尔语的亲属称谓系统进行过全面研究与详细描写，该文充分参考前人的研究成果，运用语言学、词汇学、方言学等方面的理论知识，对构成维吾尔语亲属称谓系统的亲属称谓进行了共时性与历时性相结合的较为科学的研究，对研究哈萨克语社会称谓系统研究方面有很好的借鉴意义。

这些成果就具体的研究内容而言，主要集中在亲属称谓

① 帕热扎提·买苏提：《维吾尔语亲属称谓系统研究》，13 页，北京，中央民族大学，2014。

的类别、语义分析、社会变体等方面；就所涵盖的研究范围而言，除结构本体的分析之外，还涉及语用、文化、心理、社会等视角的研究。这些成果从理论、方法上为研究哈萨克语的称谓系统提供了非常有益的启示与借鉴。

2. 哈萨克语称谓语研究现状

称谓语同样是哈萨克语的重要组成部分，也承载着哈萨克族的历史文化。自 20 世纪 90 年代以来，出现了相当多的研究成果，就语种而言，主要集中在汉语、英语、俄语，也有零星的维吾尔语方面的研究；就研究范围而言，主要集中在亲属称谓、女性、老年、岁数等方面；从研究角度上，除本体研究，还涉及语用、文化、心理、社会等视角。虽不是直接研究哈萨克语的称谓，但其理论、方法与视角为研究哈萨克语的称谓系统提供了非常好的启示与借鉴。

在国内，研究哈萨克语称谓系统的成果并不多。比较零散的相关研究已经有了一些。例如：哈萨克语称谓系统近二十年来在国内的哈萨克文和汉文学术刊物上发表有数篇文章，对于哈萨克语的亲属称谓进行了初步的描写，并与汉语的亲属称谓进行过比较。国内有关哈萨克语亲属称谓语和哈萨克姓名语的研究是从 20 世纪八九十年代开始的，有一批学者对少数民族语言的亲属称谓亲属制开展研究，也在这方面获得了一些研究成果。不少学者从不同层面对哈萨克族社会称谓词语进行了科学研究，如：何星亮在《从哈、柯、汉亲属称谓看最古老的亲属制》①一文中，通过对现代不同民族亲属称谓的对比，窥探其最古老的形式，探索亲属制产生、发展的过程，从古老的社会组织形式、风俗习惯、婚姻制度影响等方面总结了哈萨克族保留最古老的亲属制的原因。李贺宾、夏汗哈孜在《汉族和哈萨克族亲属的称谓》②中也从社会现实、生活习惯和风俗人情等方面对两个民族的亲属称谓词语进行对比，提出汉、哈萨克语亲属称谓词语的相同点与不同点，如汉语用"妹妹"一词涵盖比哥哥或姐姐年龄小的女性，而哈萨克族则有两个表示"妹妹"的词；年长者依据性别而采用不同的称呼，同性年长者称之为"siŋli"，异性年长者称之为"qarïndas"。白山木汗在《哈萨克族语言学导论》③的第二章中谈到哈萨克语的语义及分类问题，对哈萨克亲属称谓词语的语义进行了较为细致的分析。乌鲁木齐拜·杰特拜在《哈萨克族亲属称谓语及其所包含的文化因素分析》④中从传统的分类法入手对哈萨克族亲属称谓进行解析，对哈萨克族亲属称谓的界定提出意见，并探讨哈萨克族亲属称谓所包含的文化因素等。

成燕燕在《现代哈萨克语词汇学研究》⑤一书中对哈萨克族的姓名特点和亲属称谓等进行了细致的研究，探讨哈萨克族

---

① 何星亮：《从哈、柯、汉亲属称谓看最古老的亲属制》，67—69页，载《民族语文研究》，1982（5）。

② 李贺宾、夏汗哈孜：《汉族和哈萨克族亲属的称谓》，46—49页，载《语言与翻译》，1989（3）。

③ 白山木汗：《哈萨克族语言学导论》，121—123页，北京，民族出版社，2005。

④ 拜·杰特拜：《哈萨克族亲属称谓语及其所包含的文化因素分析》，139—141页，载《西北民族大学学报》，2013（6）。

⑤ 成燕燕：《现代哈萨克语词汇学研究》，137—142页，北京：民族出版社，2008。

姓名的内容与哈萨克族人名的构成方式，从不同的角度对哈萨克族起名习俗提出了较为系统的观点。同时，该书对哈萨克族的亲属称谓进行了分析，从哈萨克族的原始习俗和风俗习惯等方面研究了亲属称谓的基本词汇，得出传统的习俗对亲属关系及称谓有很大的制约性等结论。

海拉提·萨吾提在《浅谈哈萨克族家庭亲属称谓词语》[①] 一文中以讲述哈萨克族亲属称谓语的来源、分类，及男女双方的家庭成员关系的名称的应用为例，强调其在"双语"教育中的作用。库丽泰·阿合买提的《浅谈哈萨克语的敬称和爱称》[②] 中首次对哈萨克语敬称与爱称进行分析，将禁忌与避讳也归于敬称与爱称的范围，并对这些称谓语的内容与构成方式进行深刻阐述。阿热依·邓哈孜在《浅谈哈萨克语爱称称谓》[③] 一文中对哈萨克语的爱称称谓及其类型进行了较为深刻的研究，并结合哈萨克族的生活习俗、民族文化等方面来论证了自己的观点，从四个方面来解释了哈萨克语爱称称谓的类型，这些研究成果对本书的顺利完成有了指导性的向导作用。

对于哈萨克语中特有的儿媳妇在婆家的称呼避讳现象，新疆大学穆尔汗等学者有数篇文章发表，中央民族大学教授、博士张定京老师也组织过中央民族大学哈萨克语言文学系

---

① 海拉提·萨吾提：《浅谈哈萨克族家庭亲属称谓词语》，21 页，载《新疆大学学报》，2010（2）。
② 库丽泰·阿合买提：《浅谈哈萨克语的敬称和爱称》，30 页，载《语言与翻译》，1995（2）。
③ 阿热依·邓哈孜：《浅谈哈萨克语爱称称谓》，32 页，载《伊犁师范学院学报》，2015（2）。

2001 级和 2002 级本科生写过这方面的学术论文，对这种现象及其性质做过描写和分析，但仅限于举例性的，不是系统的研究。

穆尔汗·卡马勒汗在《浅谈哈萨克语的避讳问题》[①] 一文中首次系统研究哈萨克语的避讳现象，在哈萨克语研究方面，对有关共同规律进行研究的同时，对哈萨克语特殊的语言规律与因素等也要进行细致的研究，避讳作为一种民俗文化与现象，对哈萨克语的发展与丰富哈萨克语词汇起着重要作用。

从 2000 年开始，哈萨克语人称称谓成了学术界的热点，学者们对哈萨克族起名习俗及其包含的文化内涵等方面进行了进一步研究，如：范晓玲在《汉语和哈萨克语人名词汇文化伴随意义对比》[②] 一文中对汉语和哈萨克语的人名词汇文化伴随意义进行对比研究，找出了汉、哈萨克等民族起名习俗的异同，从历史比较语言学的角度对不同语系的不同语言进行分析，并对两种语言的人名词汇进行了对比研究。居尼斯汗·巴海在《浅谈哈萨克族人名》一文中对哈萨克族人名来源与人名结构进行细致的研究，并强调人名在社会交际与社会关系中所起的重要作用等。

---

① 穆尔汗·卡马勒汗：《浅谈哈萨克语的避讳问题》，28 页，载《语言与翻译》，1997（3）。
② 范晓玲：《汉语和哈萨克语人名词汇文化伴随意义对比》，126—128 页，载《新疆师范大学学报》，2008。

努尔兰·加勒哈森在《哈萨克族人名中的审美意识探析》[①]一文中谈到哈萨克族起名习俗的历史背景，及其所包含的审美意识与认识等，对哈萨克族人名中的形态与内容、人名的性别区别等方面谈到了哈萨克独特的起名习俗。努尔兰·加勒哈森在《哈萨克族人名中的审美意识探析》[②]一文中首次提出哈萨克族姓氏的必要性，对姓氏概念、姓氏来源等进行深刻分析，就姓氏的客观、主观原因等方面提出了有价值的观点。还有木热卡马里的《木热卡马里论文集》（哈萨克文）这一书中谈到了哈萨克族旧社会（清代末期和中华民国初期）赋税词术语，这对哈萨克族官名研究方面有参考价值。以上这些成果成为本书研究的主要参考资料。

除此之外，《语言与翻译》《新疆大学学报》《新疆社科论坛》《新疆社会科学》《伊犁师范学院学报》等学术刊物上也有关于哈萨克族亲属称谓词语与人名等方面的论文，在此不一一列举。

上述研究成果不同程度地体现了哈萨克族亲属称谓词语的分类、人名称谓的结构特点，及所包含的文化内涵、时代变化，以及亲属制产生、发展的过程等内容。为拓展和深化哈萨克语称谓系统的研究提供了理论、方法、材料与实践的积累，但是跟其他语言称谓系统的研究相比成果并不多。尤其是，哈萨克语社会称谓的研究并不系统，还没有人把社会关系与姓名

[①]　努尔兰·加勒哈森：《哈萨克族人名中的审美意识探析》，34页，载《伊犁师范学院学报》，2013（1）。

[②]　努尔兰·加勒哈森：《哈萨克族人名中的审美意识探析》，40页，载《伊犁师范学院学报》，2008（4）。

当成称谓系统的重要部分，对其语用功能和使用原则进行系统的描写。

从以上的研究成果可以看出哈萨克语社会称谓系统研究主要侧重于人名称谓和亲属称谓研究，而且还比较零散，没有系统的，较全面的研究成果出现。称谓是语言本体（词汇学）和语用学、社会语言学、文化语言学研究的重要领域。全面研究一种语言的称谓系统，在各种语言中均比较少见，哈萨克语研究领域更是无人做过，但这是语言研究中亟待解决的一个课题。以上所提到的研究成果还是对本书研究的顺利进行提供了不可缺少的参考资源。因此笔者用社会语言学、结构语言学、语用学和语义学的理论和方法对哈萨克族社会称谓词语系统进行宏观研究，对哈萨克语社会称谓的还没人研究过的其他类别（社交关系称谓、指代称谓、情感称谓、身份特征称谓等）进行了比较详细而系统的描写和研究。

三、主要研究方法

为了描写哈萨克语社会称谓系统，笔者将用到结构语言学和功能语言学的描述方法。分析的过程中，用结构语义学的方法，对哈萨克语称谓系统的语义和功能进行分类。本书不仅仅在哈萨克语语言学理论研究方面提供有用的信息，而且为更好地理解哈萨克语的一些社会现象提供帮助。本书将会用到分类、描述、统计分析等方法搜集所有关于现代哈萨克语称谓系统的第一手资料。在分析的过程中，笔者将用功能语义学的方法，对哈萨克语社会称谓系统进行语义和功能的分类。描述构成方式、类别、语用特征。基于以上的工作，将总结所有的细节，并且得出新的称谓语体系，还会描述现代哈萨克语社会称谓系统中存在的一些现象。在对哈萨克语社会称谓语进行语义分类和整理术语的分类词汇表时，采用词汇语义学的语义分析和分类方法。此外，在本研究中，对研究范围内的哈萨克语社会称谓语进行语源分类时，还有必要根据词源学的相关原理来进行分析和研究。

四、本书使用的转写符号

本书国际 tj 字母转写符号的实际发音与方括号内的国际音标的音质相一致，具体如下：

a[a]，ä[æ]，e[e]，ï[ï]，i[i]，o[o]，u[u]，ö[ø]，ü[y]，
b[b]，p[ph]，d[d]，t[th]，g[g]，k[kh]，f[f]，s[s]，z[z]，j[dʒ]，
č[tʃh]，š[ʃ]，m[m]，n[n]，ŋ[ŋ]，l[l]，r[r]，ğ[ʁ]，q[qh]，
x[χ]，h[h]，w[w]，y[j]。

第一章 称谓概述

第一节 称谓概念及称谓系统的分类

一、称谓概念

称谓一词最早出现于《晋书·孝武文李太后传》所载会稽王道子的书启："虽显幽同谋，而称谓未尽，非所以仰述圣心，允答天人。宜崇正名号，详案旧典。"这里的称谓是对人的称呼，与后世的含义相同。[①]"称谓"或"称谓语"，是"人们由于亲属或别的方面的关系，以及身份、职业、性别等而得来的名称"[②]，是"体现社会中普遍存在的尊卑长幼、远近亲疏概念的人际称谓"，简单说称谓就是说话人对人的称呼。

[①] 中国社会科学院语言研究所词典编辑室编：《现代汉语词典》，925 页，北京，商务印刷馆，1998。

[②] 马宏基、常庆丰：《称谓语》，5 页，北京，新华出版社，1998。

二、称谓类别与分类

称谓从不同的角度分类，分为自称和他称、对称和引称、谦称、敬称、爱称、蔑称等。从交际对象角度划分，可以分为面称和背称。根据其适用范围，可分为亲属称谓语和社会称谓语，社会称谓语又可分为职业称谓语、通用称谓语和姓名称谓语等。社会称谓语按照它们的交际功能又可以分为6个层次：社交称谓、关系称谓、职衔称谓、谦敬称谓、亲昵称谓和戏谑称谓等。称谓语的使用范围较广，分类标准也不同，可以分为广义和狭义两大类。广义的称谓系统可泛指一切人和物，狭义的称谓系统指人类在社会交际中所使用的各种称谓语，即人际称谓系统。我们这里所谈的是狭义的称谓系统，也就是人们用来彼此间的各种社会关系以及所扮演的社会角色等场景所使用的名称，及人们在当面招呼所使用的名称。

对于称谓语的分类，前人已经作了不少研究，但分类标准不同，没有系统性。大多数人依据称谓语所反映的语义内容将其分为亲属称谓和社会称谓两大类别。狭义的亲属称谓语只是亲属之间使用的称谓语。哈萨克称谓语丰富多彩，有通称、敬称、谦称、专称之分，并且又形成了亲属称谓系统与非亲属称谓系统等。每个称谓系统都有丰富的称谓语。

一种语言的称谓系统包括该语言中用来指称人（第一、二、三方）的所有称呼。称谓可以是一个普通的词，如："muğalïm"（老师）；可以是专门的称谓词，如："aldïyar"（陛

13

下）；可以是相关的词组，如："Muqtar joldas"（穆合塔尔同志）；可以是由词根与词缀构成的派生词，如："aǧa"（哥哥）+"-tay"——"aǧatay"（好哥哥）；也可以是一种婉转的避讳形式，如："ulïma"[嗥叫的（指狼）]。我们知道"人名的第一音节+"-qa/-ke"可以构成称呼第二方的尊称，如："jäke"（老贾）["jänibek"（贾尼别克）]，但我们不清楚究竟"-qa"和"-ke"的缀接范围到底有多大；我们知道，说毛泽东主席时"主席"要放在前边（Töraǧa Maw zïdung），而说周恩来总理时"总理"要放在后边（Jow enlay zungly），但我们不清楚这其中的规律，本书的研究内容中将对这些语言现象与语言规则进行细致的分析。

对于称谓语和称呼语有着不同的说法，有人认为称谓与称呼是无区别的，即称谓语、称呼语一体说。

"称谓就是称呼，就是人们在交际中怎样称呼别人和自己。"①

其实，称谓语与称呼语既有联系又有差异，"称呼"是当面打招呼用的，如："jigitter"（小伙子们）、"apay"（阿姨）、"ustaz"（师傅）等。但有些称谓语是不能当面喊的，如："oqïtïwši"（教师）、"baja"（连襟）、"qaynaǧa"（大舅子）、"malši"（牧人）等，但谁也不否认这些归于称谓语。故在哈萨克语中，称谓语的范围比称呼语大。

---

① 孙维张：《汉语社会语言学》，114 页，贵阳，贵州人民出版社，1991。

第二节　哈萨克语称谓语的功能

　　称谓语是人类交际行为中不可忽视的词语，是人们日常生活中沟通交流的信号与桥梁。它承载着一定的文化意义、社会伦理道德等社会意识层面的内容。它不仅是一个简单的语音符号，更是一个国家、一个民族的风俗习惯、传统文化、世界观与社会政治经济关系的综合体现，隐含着一个民族历史与文化的积淀。人们在进行交往时，首先应选用恰当的称谓语。例如，不同的人对同一人使用不同的称谓，或一个人对同一个人使用不同的称谓。这些都反映出他们之间的不同的身份关系。

　　称谓语属于非常古老而且使用频率很高的一类词汇，因在不同的语言文化环境中形成的称谓语具有不同特点，则其在语言系统中形成了一个独特的语言文化系统。

　　哈萨克语社会称谓语研究的目的在于通过实地调查和材料，对不同类型的说话者在不同场合中所选用的称谓语进行探讨和分析，描述影响社会称谓语的重要因素，包括说话人的身份、年龄、性别、社会阶层、社会关系等，并分析社会称谓语的使用现状和发展趋势、社会价值和应用价值等。

15

一、现代哈萨克语拟亲属称谓语的使用

亲属称谓语的泛化产生了拟亲属称谓语。拟亲属称谓语其实是亲属称谓语的一种特殊形式，是指用亲属称谓语来称呼不存在亲属关系的人的一种特殊称谓语用法。这种亲属称谓语的运用，除了表示亲近，拉近与对方的距离外，还具有表示愤怒、责备等功能。

例1："Ağay, mïna ülken kisige orïn bergendigiŋiz üšin öziŋizge alğïsïm mol."（大哥，真得谢谢你啊，给我这位老人家让座。）

例2："Ey bawïrïm, ayağïmdï basïp kettiŋ!"（兄弟，你踩到我脚啦!）

例1中，"大哥"一词本属于亲属称谓，指"兄长"。但在现代哈萨克语中，"大哥"这一亲属称谓语常用于非亲属间的称呼，泛指成年男性。该例子中说话者本是长辈，但是为了表达对对方让座的感激之情，使用了"大哥"这一违反传统长幼之序的拟亲属称谓语，同时也拉近了与对方的距离。例2中，"兄弟"一词本也属于亲属称谓，指"哥哥和弟弟"，是富有积极情感关系的称谓，但在该例子中却用来加强说话者的愤怒、责备之情，与其原意可谓形成鲜明的对比。

二、现代哈萨克语称谓语的语用功能

英国哲学家奥斯汀在题为《论言有所为》中指出，谈话时人们不仅是"言有所述"，而且是"言有所为"。也就是说，语言交际是由一系列的言语行为构成的。人们说话时同时在实施三种行为：言内行为、言外行为和言后行为。根据奥斯汀的言语行为理论，称谓语不仅表明交际双方的关系、地位和身份的差异，还有呼唤或招呼功能，常用来传递某种特殊的"语力"。

三、现代哈萨克语称谓语的指示功能

指示功能是指在语言活动中，人们通过语言，对既定人物、事情的所指内容的理解。指示功能是称谓语最为基本的功能，现代哈萨克语称谓语的指示功能包含以下四种：人称指示、年龄指示、角色指示和情感指示。

例如："Ağayïm jumïsï bolsada meni kelip körwi kerek edi, ol kisi mağan kelemin dep maquldïq bergen..."（大哥哥说有事不能来看我？可是他答应过我的……）

人称指示可分为自称、对称和他称。自称用于指示第一人称，相当于"我"和"我们"；对称用于指示第二人称，相当于"你""你们"；他称用于指示第三人称，相当于"他""她""它""他们""她们""它们"。该例子中的"大哥哥"属于人称指示中的他称，所指对象为后面出现的"他"。

例如："Balam, täteŋe barïp biraz demaldïrsïn dep aytïp qoyšï, bolama?"（我的孩子呀，你去跟姑姑说一声，让我们休息一会儿可以吗？）

年龄指示是指通过称谓语的表述，可对交际双方的年龄进行比较和判断。该例子中，两个称谓语的同时出现，可判断交际双方处于长辈和晚辈的年龄关系。

例如："Estiwge qarağanda ušqïr poyezdağï poyez bykešiniŋ qïzmet ötewi äwe bykešinen kem emes körinedi."（听说动车上动姐的工作态度，可不比空姐差哦。）

称谓语作为语言交际的符号，可用于指示他人的角色。例中的"动姐"和"空姐"虽然指不同的工作角色，但是又有着共同之处，即都是在公共交通工具上为乘客提供服务。"空姐"这一称谓语比"动姐"这一称谓语出现得早。"动姐"其实是模仿"空姐"这一角色所新生的称谓语。当这两个称谓语同时出现时，人们能更好地理解"动姐"这一新生称谓语的角色含义。

例如："Apayïŋ kamandïropkağa šiğïp ketti, osï aptanïŋ soŋïnda siŋilingniŋ tapsïrmasïna jaqsïraq jetekšilik et."（你阿姨出差了，这个周末你就好好地辅导一下你妹妹作业。）

语言交际过程中，人和人之间的情感因素会影响语言的选用。根据哈萨克语的亲属称谓系统，阿姨的女儿，应该称为"表妹"，而不是"妹妹"。在哈萨克语言文化中，"妹妹"要比"表妹"亲。该例子中，之所以用"妹妹"来代替"表妹"，体现了说话者由于受到情感指示因素的影响，刻意违反传统的亲属称谓系统。

四、现代哈萨克语社会称谓语的社会功能

社会功能是现代哈萨克语社会称谓语的另一功能体现，具体表现为表示亲疏关系的功能、表示社会地位的功能以及表示礼貌的功能。

例如："Nege köŋilsiz jürsiŋ bawïrïm, ağaŋa ayïtsaŋ bola ma?"（兄弟，为什么不高兴呢？可以给我说吗？）

"兄弟"这一称谓语既体现了说话者的豪爽，也很好地体现了说话者对听话者的"示亲"目的，减轻了两者之间交流上的心理压力，拉近了说话者与听话者之间的距离，达到了预期的交流目的。

例如："Jumïsker qïz-jigitterdiŋ jïl boyï üyine bir ret qaytwïda muŋğa soğadï."（我们这些打工仔、打工妹，一年到头都不一定能回一趟家。）

"打工仔""打工妹"是随着进城务工人员迅猛增加后所出现的新的称谓语。

例如："Tamaq jetkizwši seri jigit, uyge äkelgen tamaqtïŋ qarqïnï nedegen tez edi!"（外卖帅哥，这外卖速度也真够快的哟！）

该例子中，说话者对听话者所提供的低效率服务表示不满意，因此故意加上了蕴含礼貌功能的称谓语"帅哥"，以此来反讽这个送外卖的速度太慢了。

第二章 哈萨克语社会称谓语的类别

第一节 哈萨克语人名称谓语

一、哈萨克语人名称谓语及其文化内涵

语言是人类互相交流的特殊符号，是人类互相交流意见的桥梁与信号，也是人类创造的社会文化的缩影。语言不仅是表达手段，而且是认知手段，早在 19 世纪，德国著名哲学家洪堡特（W.Humboldt）就明确区分了语言的表达功能和认知功能，并明确指出后者才是语言的本质功能。语言作为认知中介在人类与大自然当中起到了桥梁作用，因为自然界当中的万物与自然现象是通过语言来体现的，一个民族的文化积淀也是从自然界中的天体事物与自然现象命名开始的，人名也是如此。人名作为特殊的语言符号与社会现象，其产生和发展必定会受到一个民族的传统习俗、民族心理、宗教信仰、政治、经济、社会文化与社会风尚等方方面面的影响。"人名是社会文化的镜像。社会文化、社会心理和社会生活都对人名有直接或

间接的影响。"① 人名实质上是个人的标记符号，是一个人的特称，人名在指代个人与他人之间起到区别作用，从这个方面来说，它有特定的社会价值与意义。

人名是区分个人的重要标志。众所周知，由于缺少文字资料记载，对于人名何时产生等问题是难以回答的，不过依当代孩子出生后起名习俗来推断，可以肯定地说称谓语的历史跟语言一样古老。人名作为社会称谓语中特殊的个人符号，它是语言中最早形成的词汇形式，其产生应该同语言的历史一样久远。"称谓语是语言中最早的词汇形式，称谓语的出现应该同语言的产生同步。"② "人类语言产生的同时，作为语言的最基本的形式——称谓语也就产生了，是人类文化决定了语言，也决定了称谓语。"③ 它是人类社会发展到一定程度后出现的社会必然产物，与社会文化有着密不可分的关系。人名是适应人类交际需要而产生的。远古时期个人的姓名并不重要，人名跟部落氏族连在一起，就像摩尔根所说的："名字是属于氏族的。"④ 姓名的社会地位与作用不容忽视，因为"姓名是人的诸多称谓中最重要最基本的称谓，是一个人在社会生活中用以区别其他社会成员的识别符号"⑤。人名是个人参与社会事物的必然产物，一旦人名形成并成为专门系统之后，就会与整个社

① 陈建民：《语言文化社会新探》，44页，上海，上海教育出版社，1989。
② 马宏基、常庆丰：《称谓语》，16—17页，北京，新华出版社，1998。
③ 彭家海、张纯：《汉语称谓语的意义变迁及其根源探析》，100页，载《湖北工业大学学报》，2009（12）。
④ 林耀华：《民族学概论》（修订本），20页，北京，中央民族大学出版社，1997。
⑤ 袁庭栋：《古人称谓漫谈》，12页，北京，中华书局，1994。

会的方方面面紧密地联系在一起。人名不仅仅是一种符号，也是一种文化现象。"姓名不仅是社会成员相互区别的符号，而且隐含着一个民族的语言、历史、地理、宗教和阶级状况的信息。"① 远古哈萨克族人名与不同历史阶段的原始宗教信仰、风俗习惯等有着直接联系。谈到哈萨克族姓名时，不得不提到哈萨克族先民在不同阶段、不同社会里所信仰的宗教与世界观念，哈萨克族的政治、经济、历史遗迹、氏族部落来源等都能在人名中明显体现出来。哈萨克族人名多以动植物、自然现象、前辈人名等为内容。

哈萨克族是典型的逐水草而居的游牧民族，他们的社会活动范围较广泛，长期生活在大自然中的哈萨克人对养育他们的大自然有一种天生的崇拜，自然界当中的动植物对哈萨克族的社会生活与生命产生重要影响。所以哈萨克族先民起初"把他们认为和自己存在着血缘关系的动植物看作神明来供奉，并以此作为图腾"。在原始社会里，人类对大自然界中的雷雨闪电、日月星辰等种种现象的运转无法理解，认为某种神秘力量主宰着人们的活动，认为人们所崇拜的东西有一定神力庇护，这样就形成了灵力崇拜。从而，人们把某种动植物当做图腾对象，后来人命名也受到这种灵力崇拜与信仰的影响，从而人名也多与图腾有着密切的联系。哈萨克人以老虎、狮子、狼、雄鹰、猫头鹰等凶猛的动物名称为人名，希望自己的后代将来像那些凶猛野兽一样勇敢而有作为。如："arïstan"（狮子）、"jolbarïs"（老虎）、"bürkït"（鹰）、"qasqïr"

---

① 楼光庆：《从姓名看社会和文化》，15 页，载《外语教学与研究》，1985（3）。

（狼）、"arlan"（公狼）、"qundïz"（水獭）、"qabïlan"（豹）、"ükibala"（猫头鹰孩子）。以山川、花卉、日、月、星辰等天体事物或大自然事物为名，如："küntïwdï"（太阳升起了）、"künkeldï"（太阳来了）、"künšïwaq"（太阳曙光）、"aytoldï"（月亮满了）、"šolpan"（羊的保护神）、"temïrqazïq"（北极星）、"aray"（黎明、曙光）、"nur"（光）、"najağay"（闪电）、"tuman"（雾）、"säwle"（光芒）、"juldïz"（星星）、"jaŋbirbay"（多雨的巴依）、"qarjaw"（下雪）、"boran"（风暴）、"aysulïw"（月亮的美丽）等。①

　　人类自从有了万物有灵等灵魂观念之后，人们的思想观念也有了很大的变化，人们崇拜的不再是某物件或动物本身，而是其精神。接着人名也有了更深奥的意义，对当时的先民来说，伴随人类一起产生与自然一样神秘的语言，融入了"万物有灵"的信仰范畴中，使语言更加神秘，把人与语言混为一体，甚至把人名当做人的某部位或者本身，如眼睛、牙齿等，深受"万物有灵"观念的影响，就产生了人名神力信仰。这时的人类相信通过语言可以使任何东西被感动，语言被视为神秘力量，假设某个家庭里的孩子夭折、好马丢失或发生其他不愉快的事，被认为遭了毒眼，尽量避免类似的事情再次发生。哈萨克有句谚语："Til tas jaradï, tas jarmasa bas jaradï"（直译：言语能使坚石破，坚石不破脑也破）、"Adamnïŋ tiline aspandağï bulït üyiriledi"（直译：语破惊天）、"Bas kespek

①　窦用刚：《浅谈哈萨克人名的时代特点》，24 页，载《伊犁师范学院学报》，1997(4)。

bolsada til kespek joq"（直译：头颅可砍，言语永存）、"Til erdi qabïrǧa saladï, nardï qazanǧa saladï"（长舌底下压死人）等。这些哈萨克谚语充分描述了语言的力量，都是在这种信仰的基础上而产生的。

哈萨克族先民认为人名有神奇的力量，它能驱散恶魔、病魔，因此，就产生了人名能消除灾难等原始观念。如取个神奇的名字，恶魔或病魔就不容易靠近幼儿，使孩子健康成长。古人深信，语言所表达出来的意思肯定会对事物产生影响，认为语言本身就有一种力量，能将所表达的兑现为事实，以及凭借此力量可以实现避灾驱邪、消除灾难、祈吉求福、安康等个人主观愿望。李安宅先生解释"语言的魔力"说："语言所代表的东西与所要达到的目的，根据原始信仰，都相信与语言本身是一种东西，或与语言保有交感的作用。"[①] 如：取个有象征意义的名字，然后不停地念诵这个名字，人们相信真的会生出灵力，能把孩子留住，不致夭折。这种取名习俗在许多民族语言中（哈萨克、维吾尔、柯尔克孜等民族）都经常出现，如：乌孜别克语中"toxta"（停）、维吾尔语中"toxtaxun"（停下阿訇）等人名。哈萨克语与柯尔克孜语中的"turar"（能停下）、"turaqal"（停一下）[②]、"toqtasïn"（"托合塔森"是"停下来""活下来"的意思）、"toqtar"（"托合塔尔"是"能停下"的意思）、"toqtamïs"（"托合塔米斯"是"不要死"、"别

---

① 转引自石裕勤：《人名中的信仰文化及其衍变探析》，92 页，载《和田师范专科学校学报》，2006（7）。

② I. K. Keŋesbayev, S. Sarïbayev, j. bolatov: «qazaq til tarihï men dialektologiyasïnïŋ mäselelerï», qazaq c s r ǧïlïm akademiäsïnïŋ baspasï, almatï, 1960.

死"的意思）①等名字就是在以上观念的基础上命名的，这都是因为前面的孩子没能健康成长或存活下来的情况，反映了命名者希望孩子健康成长，以此祈求安康的个人主观愿望与心理因素。

家里的几个孩子都是女孩的话，父母希望下一个孩子是男孩儿，就给这个女孩子起名为"ultïwar"（生男孩儿）、"qïz tïwmas"（不生女孩儿）、"uldan"（希望是男孩儿）、"ulbosïn"（生男孩儿吧）、"uljalğas"（继续生男孩子）、"ultïwğan"（生男孩儿的）等，这里的前缀"ul"是"男孩儿"的意思；或取名为"jaŋïlsïn"（颠倒过来）、"jaŋïlqan"（颠倒过来汗）、"jaŋïlnur"（颠倒过来努尔）、"jaŋïlar"（会颠倒过来），土库曼语中"yeter"（够了），柯尔克孜语中"bürülša"（burïl 转一下）、"toqta bübü"（布布停下）等人名，"jaŋïl"是"弄错、颠倒过来"的意思，"bürül"是"转过去"之意。这些人名也是在语言有神奇力量的观念基础上产生的。如果真的生下男孩子的话，把男孩儿装扮成女孩儿，给男孩子取女孩子的名字，这些行为体现了人们对恶魔的恐惧感，以及出于那些恶魔或病魔一般对女孩子不下手，恶魔要的是男孩儿等观念。

取名为"temirbay"（铁米尔巴依）、temirbek（铁米尔别克）、"temirtas"（铁米尔塔斯）等名字，意为幼儿像铁一样结实、坚强，不容易生病等。哈萨克族先民取这样的名字也有其根源，首先是受一定风俗习惯的影响。其次，铁器不仅在战

---

①　此成果中出现的哈萨克人名主要参照赛力克·豪恩拜：《如何给孩子起名》，153—154 页，奎屯，伊犁人民出版社，2014。

场上发挥着非常重要的作用，而且在日常生活中也起着非常重要的作用。最后，铁是非常硬的金属，它能经得起磨难，不容易摧毁。因此，人们希望孩子健康成长，经得起种种磨难，勇敢面对困难等。另一个原因是，给孩子取个不像样的名字或者难听的名字，认为取这种姓名的孩子不会遭到别人的毒眼，不会夭折，能茁壮成长，或者这种幼儿名对恶魔或病魔不会有太大的诱惑，恶魔对这样的幼儿不会造成威胁，不必精心看护他，他也能健康长大，不易生病。如：šïlǧawbay、salaqbala、urïbala、baypaqbay、kiygizbay、yitbay、ultaraq、dambalbay、balšelek、kotibar、boqbasar、mayköt 等。"yit"是汉语中"狗"的意思，按照古人的观念，那些恶魔或病魔特别害怕黑狗，认为给孩子取"yit"等有寓意的名字才能保住孩子的命。

但这些难听的名字并不意味着哈萨克族给孩子命名是随意的，这是受萨满教影响的个别现象。事实上，哈萨克族命名习俗是有一定依据的，有些名字表面上看起来滑稽可笑，其实是在严格的系统思想的指导下选择的，每个人名都代表着某种愿望和意义。

哈萨克族人名既非从来就有，也非一成不变。生活在不同时代的民族都有不同的姓名习俗，它反映了不同时代人们不同的历史、文化、风俗等特点。随着世界上各个民族之间交流的不断加强，每个民族也在对本民族的姓名进行创新，于是就形成了独特的命名习俗。姓名又是文化的载体，它与民族的文化有着千丝万缕的关系，根据口头流传及文献记载，可以看出古代哈萨克人姓名的时代特点与民族文化的轨迹。不同民族起名都有不同的风格，取名习俗与各民族的社会生活息息相关。因此，每个民族都在起名习俗上都烙下了独一无二的民族烙印。

二、哈萨克语人名称谓语表现出来的时代特点

人名是个人代号，是人类社会生活的真实写照。哈萨克族的人名在一定程度上反映了哈萨克族的社会风尚、政治、经济生活、思想观念、价值取向等。根据哈萨克族人名的内容、结构、文化内涵和命名方式的发展状况，以下分三个阶段对哈萨克族的人名进行研究。

（一）早期的哈萨克语人名称谓

哈萨克族是历史悠久的、典型的游牧民族，在辽阔的草原，广袤的山林，无垠的沙漠上都能见到哈萨克族的印迹。哈萨克族又是一个包容性较强的开放性民族，善于吸收外来新文化并充实本民族文化，哈萨克族先后信仰过原始宗教、萨满教、摩尼教等宗教。这些宗教的历史痕迹在哈萨克人名中都有显现。

哈萨克族先民曾经将自然界的日、月、天体、星辰、山林、花卉树木等自然物以及箭、棒、碗、鞍、家具等物件都视为具有神奇力量的活物并加以崇拜，并把这些自然物和生活物件的名称给孩子命名。如："šoqpar"（棒子）、"toqpaq"（木棒）、"tuman"（雾）、"aysawït"（月亮铠甲）、"küntïwar"（日

出）"juldïz"（星星）、"sadaqjan"（弓箭江）、"tawbay"（山巴依）、"jäylaw"（夏牧场）、"ay"（月）、"jäŋbir"（雨）、"özen"（河）、"aspan"（天空）、"teŋiz"（海）、"nöser"（大雨）、"dawïl"（飓风）、"orman"（森林）等。

随着社会的发展，哈萨克族命名内容更加丰富了，大自然当中的飞禽走兽与哈萨克族生活有密切关系的牲畜名称也成为命名对象。哈萨克族先民的社会生活是以氏族部落为单位组成的共同体，氏族部落的平安对生存至关重要，在把语言材料转化为人名的过程中，把美好的愿望寄托在人名上，用崇尚的神灵之名给孩子命名，认为这些动物的主宰神灵会佑助部落氏族，保护孩子不受恶魔的侵犯，防止孩子死亡等。如："buğï"（鹿）、"böri"（狼）、"bïwra"（公骆驼）、"elik"（狍鹿子）、"qozï"（羊羔）、"šopan"（绵羊的保护神）、"qoyšï"（牧羊人）、"teke"（公山羊）、"ayïw"（熊）、"sïyïr"（牛）、"jïlqï"（马）等。原始自然信仰与萨满信仰逐渐被哈萨克族人民所接受，并成为哈萨克族传统命名习俗的重要组成部分。

从以上命名习俗中不难发现，哈萨克族先民把动植物当做神来崇拜，认为动物、牲畜有主管神灵，用牲畜名称给孩子命名来表示对神灵的尊敬与敬拜，祈求神灵辟邪，消除灾难，给部落氏族带来幸福、快乐、财富等。如："maldïbay"（拥有众多牲畜巴衣）、"sansïzbay"（拥有无数牲畜巴衣）、"jïlqïbay"（马巴衣）等。

（二）9—10 世纪以后的哈萨克人名称谓语

哈萨克族在漫长的历史长河中，形成了带有不同时代特点的人名称谓语。随着社会的发展，哈萨克族的人名称谓语发生了变化，但是哈萨克族的传统人名命名习俗并没有消失，而是与新的文化融为一体，形成了独特的起名习俗。大量的阿拉伯语和波斯语词汇传入哈萨克词汇之中，在哈萨克语词汇中占有一席地位，并和古代哈萨克语词汇一起使用至今。

时代的更迭所带来的新变化，对人们的思想观念、审美意识、价值取向等产生巨大影响。逐渐形成了爷爷和奶奶或阿吾勒（乡村）有名望的长辈等给新生儿取名的习俗。一般情况下，洗礼仪式在七天之内举行的，取名程序是孩子的母亲先把孩子裹在干净的被子里递给孩子的父亲，然后长辈把父母提前准备好的名字靠近孩子的右耳朵喊三次，左耳朵喊三次，然后向在座的人们宣布起名有效，从此以后这个名字成为该新生婴儿的个人代号。

哈萨克语人名中来自阿拉伯语和波斯语的人名为数不少，如："šämsiya"（"仙母斯亚"，阿拉伯语，太阳）、"xanïm"（"哈尼木"，阿拉伯语，妇女、公主）[1]、"pänïyza"（"帕尼扎"，波斯语，纯洁、清白）、"päriwa"（"帕里瓦"，波斯语，苦恼、怀疑）、"pärmanäli"（"帕尔曼艾力"，波斯语，照料、爱护）、"aibzal"（"阿布扎力"，阿拉伯语，尊敬的、敬爱之意）、"adal"（阿拉伯语，清洁、善良、公正之意）、

---

[1]　木哈什·阿合买提江诺夫：《哈萨克族人名试析》，35 页，载《语言与翻译》，1991（1）。

"ayjamal"（"阿依加玛丽"，阿拉伯语，月亮般的美女）、
"aqan"（"阿汗"，波斯语，铁的意思）①。

在哈萨克人名中的某些词还没确定其来源之前，很难断言是否为外来词，尽管随着时代的发展哈萨克族选择了带有时代特色的命名方式，但仍然保持了哈萨克族早期的传统起名习俗，下面我们以"ayït"（阿拉伯语，节日）一词为例对哈萨克族人名渊源及人名构成方式进行粗浅的分析。

"ayït"这一词是"节日"的意思，阿拉伯语中把"节日"叫做"ğyyt"，哈萨克语中有"qurban ayït"（古尔邦节）等节日词。在这种特殊的日子里出生的孩子姓名中会有"ayït"这个词，它在哈萨克族人名中以单纯词和复合词的形式出现。如：单纯词人名"ayït"（"阿依特"，节日之意），复合词人名"ayïtmuqambet"，这里的"ayït"一词来自于阿拉伯语的"ğyyt"，按照哈萨克语的语音规律被读成"ayït"，再加人的姓名就构成了复合词"ayïtmuqambet"，"ayït"组成复合名字在哈萨克族人名中出现的频率较高，如："ayït"+"qurman"="ayïtqurman"（"阿依特胡尔曼"，"胡尔曼"是古尔邦节中的"古尔邦"一词）；"ayït"+"aqïn"="aytaqïn"（阿依特阿肯）是合成词人名，前部分与后部分都是外来词，这里的"aqïn"即"阿訇"。哈萨克语中即兴创作的诗人也称之为阿肯，人名中的词缀"aqïn"来自阿訇还是阿肯到目前为止尚未证实，但它与现代维吾尔语人名中的"aqïn"的

---

① 赛力克·豪恩拜：《如何给孩子起名》，127—129 页，伊宁，伊犁人民出版社，2014。

用法是一致的，它在姓名中以构成人名的词缀形式出现。如："älimaqïn"（阿勒马洪）、"bayaqïn"（拜阿恒）、"jumaqïn"（居马恒）等。[①]"ayït"＋"jan"＝"ayïtjan"（阿依特江），"jan"在哈萨克语中的意思是"生命、灵魂"，是哈萨克族人名的润色成分，表达父母对幼儿的爱意。"ayït"＋"bay"＝"ayïtbay"（阿依特拜），"bay"是阿拉伯语借词，原意"牧主"，现在有"财富、富裕"等意，但人名中已经淡化了其本意，而是作为构成人名的一部分词缀来使用。

　　"ayït"＋"qoja"＝"ayïtqoja"（阿依特霍加）是合成词人名，前部分与后部分都来自于阿拉伯语或波斯语，"qoja"是波斯语，"qoja"已经失去其本意，在姓名中以构成人名的词缀形式出现。"toqqoja"（托克霍加）是复合词，前部分是形容词，"toq"是哈萨克语，后部分"qoja"是波斯语，随着语言的发展，"toqqoja"人名词已成为单纯词。

　　"ayït"＋"qan"＝"ayïtqan"（阿依提汗）是复合词人名，前半部分是阿拉伯语，后半部分是哈萨克语，"xan"是哈萨克语，原意是"可汗、汗、王"的意思，从公元6世纪开始成为专门术语，后来原意逐渐被弱化，现在是"权势、权力"的意思，作为构成人名的一部分的词缀来使用。"töre"＋"qan"＝"töreqan"（托列汗）是复合词人名，"töre"指"具有很高地位的头目、官史、贵族"，公元15世纪至19世纪人们把汗或苏丹的儿子称作为"töre"，后来原意逐渐淡

――――――――――
[①]　木哈什·热西提：《语言与翻译是我的一对翅膀》，193页，北京，民族出版社，2013。

化，如今作为构成人名的一部分词缀来使用。

"ayït" + "bek" = "ayïtbek"（阿依特别克）是复合词人名，"bek"是古代的旧官名，统治阶级当中有权威的头目，作为人名的一部分前缀或后缀来使用。如："bekbosïn"（"别克波森"，成为伯克之意）中的后部分第二名称单数"bol"中的"l"音被脱落，加"sïn"后变成"Bosïn"与前面的"bek"结合构成人名。如："bekturǧan"（别克吐尔汗）、"bekbolat"（别克波拉提）、"dïyarbek"（迪亚尔别克）、"alǧabek"（阿勒哈别克）、"darïnbek"（达仁别克）等。

"ayït" + "qajï" = "ayïtqajï"（阿依特哈吉）是复合词人名，"hajï"是阿拉伯语，给孩子起名时会加"哈吉"一词，如："hajïmuqan"（哈吉木汗）、"qajïmurat"（哈吉木拉提）、"sultanhajï"（苏力坦哈吉）、"qajïgeldyn"（哈吉凯力丁）等。

"ayït" + "qazï" = "aytqazï"（阿依特哈孜）是复合词人名，"qazï"是阿拉伯语，旧时官名，旧时有"法官"的意思，现在本意已消失，作为构成人名的一部分词缀来使用。如，"janhazï"（江哈孜）、"düysenqazï"（对山哈孜）、"seyitqazï"（赛提哈孜）、"tursïnqazï"（吐尔逊哈孜）等。

"ayït" + "mïrza" = "ayïtmïrza"（阿依特米尔扎）是复合词人名，"mïrza"是阿拉伯语，原来是"ämiyirzada"，阿拉伯语中的"ämiyir"（首领、官史）与波斯语中的"zada"（孩子）合并为"ämiyirzada"（官吏之子），而哈萨克语中这一词缩略成为"mïrza"（贵族之子），曾作为官名使用，人名后加"mïrza"表示高级官吏与贵族之子，后来加于人名之后，表示其人是有地位、有学问之意。如："mïrza asan"（有学问的阿山）、"mïrza nürädil"（有学问的努热阿德力）。人名后加"mïrza"一词表示这个人是汗或贵族之子之意。如："sabïr mïrza"（沙布尔先生）、"asqar mïrza"（阿斯哈尔先生）等。①现在作为构成人名的词缀而使用，但没有之前的"贵族之子之意"。如："baymïrza"（巴衣米尔扎）、"janmïrza"（江米尔扎）、"mïrzagül"（米尔扎古丽）、"mïrzatay"（米尔扎太）、"mïrzabek"（米尔扎别克）。

"ayït" + "gül" = "ayïtgül"（阿依特古丽）是复合词人名，"gül"是波斯语，"花儿"之意，在哈萨克语中构成女子人名的词缀而使用，"gül"与哈萨克古语中的"bäyšešek"（花儿之意）是同义词，但"bäyšešek"逐渐不再使用，"gül"代替了其地位。如今，以"gül"这一词缀构成的女子人名在哈萨克语中较为常见。如："gül" + "darqan" = "güldarqan"（古丽达尔汗）、"jupargül"（居帕尔古丽）、"sändigül"（参德古丽）、"nesipgül"（乃斯浦古丽）、"nurgül"（努尔古丽）、"aygül"（阿依古丽）等。

在旧社会时，以上提到的"bek""bay""han""mïrza"等人名词缀只有贵族家族的人名中可以出现，并且是分开写的。普通老百姓则没资格给孩子这样命名，要是取这种名字会受到贵族们的斥责或嘲笑，他们就会讥讽老百姓说："庶民给自己的狗取名为狼"等。如今，这些词都已经失去其本意，作

---

① I. K. Keŋesbayev, S. Sarïbayev, j. bolatov: «қазақ тіл тарихы мен диəлектологиясінің мəселелері», қазақ с с р ғылым академиəсінің баспасы, алматы, 1960.

为构成人名的附加词缀而使用。

除此之外，在哈萨克族人名中带有民族特色的词也占一定比例。例如，以本部落的名字命名，其目的是区分同名的人，但这样的命名习惯不常见。如：

"Qara kerey Qabanbay"（喀拉克列·哈班拜，"喀拉克列"是部落名，"哈班拜"是人名）、"Qanjïğalï bögenbay"（坎吉卡勒·波坎拜，"坎吉卡勒"是部落名，"波坎拜"是人名）、"Šapïraštï Nawïrïzbay"（夏普热阿西提·那吾热孜拜，"夏普热阿西提"是部落名，"那吾热孜拜"是人名）、"Qïzay Esengeldï"（黑宰额·叶山凯德，"黑宰额"是部落名，"叶山凯德"是人名）、"Alban Xangeldi"（阿勒班·汗凯勒德，"阿勒班"是部落名，"汗凯勒德"是人名）、"Šeriw Älet"（协热乌·阿列提，"协热乌"是部落名，"阿列提"是人名）、"Waq Aqšora"（瓦克是·阿克烁拉，"瓦克是"是部落名，"阿克烁拉"是人名）、"Kerey Jänibek"（克烈·加尼别克，"克烈"是部落名，"加尼别克"是人名）等。

如今的哈萨克人名中偶尔也有以部落名字为名的，如："Jümädil Maman"（居马德力·马满）、"Malïbay Šeken"（马勒拜·谢肯）、"Nurlan Nayman"（努尔兰·乃满）等，还有些人名看起来是以本部落名命名的，实则不然。如："Qïzayjan"（"克宰江"是人名，而不是其部落的名）、"Albanbay"（"阿勒班拜"是人名，而不是其部落名）等。

（三）新中国成立后的哈萨克族人名

新中国成立之前，社会动荡不安。这一时期的哈萨克族渴望自由，盼望新时代到来，便将美好的愿望表现在了起名上。如："唐加勒克"（黎明、光明）、"唐阿塔尔"（天会亮）、"江阿努尔"（新的光）等。这一时期，哈萨克族的人名命名特点是用当时德高望重的人名给孩子命名，希望孩子将来成为对社会有用的人。如："达列里汗""夏热甫汗"等。

新中国成立以后，社会发生了翻天覆地的变化，中国各个民族都获得了自由生存的权利。哈萨克族也走上了和睦、稳定、平等自由的道路，并在政治、经济、文化等方面产生了新变化。哈萨克族人民的思想观念、伦理道德、价值取向、审美意识与社会风尚等方面有了从未有过的变化。哈萨克族人名也因此增添了新的内容。新中国成立后，哈萨克族人名常出现的"别克""巴衣""霍加""哈尼木""布布"等构成人名的旧词缀逐渐减少，出现了更多的带有新时代、新活力的人名。如："阿扎提"（解放）、"阿德力"（公正）、"叶尔肯"（自由）、"木拉提"（理想）、"加林"（火光）、"热依扎"（满意）、"萨力塔那提"（壮观）、"杰恩斯"（胜利）、"巴合提"（幸福）等。

哈萨克族人名还有一个令人瞩目的地方是"satïlğan""satïpaldï""satar"等人名的出现。这些人名表示"买来的""卖出去的"等意义，现在人名中也能见到，但是使用频率不高。以往，哈萨克族有孩子夭折的家庭，若再有新生儿出生，则家人会把新生儿送到别人家里去，过一段时间再把孩子重新接回来，并给孩子取名为"satïpalǧan"等，他们认为这样能瞒过恶魔，孩子将不会再夭折。

如果家里有孩子不幸夭折，家人则会给下一个新生孩子命名为"tölegen""tölendï""tölew""tölemis""ötemis"等。就是"赔偿了""补偿了"的意思。还有一些"Uzaqbay""mïŋjasar""jüzjasar""ömïruzaq"等人名，表达了哈萨克族人对孩子健康、长寿的美好愿望。哈萨克族人有把可汗、首领、英雄等地位较高的历史人物的名字给孩子命名的特点。如汉文化习俗中避讳直称王名，甚至写姓名时与皇帝名同音的字也要避讳，而用另外的字来代替其名。但哈萨克族恰恰相反，认为那些重要人物的名字将会给孩子带来吉祥，让孩子成为像他们一样有作为的人。一旦起了这种名字，那对这个孩子各个方面的培养与教养都会格外重视，否则会受到其他人的蔑视。如"abïlay"（阿布莱）、"qabanbay"（哈班拜）、"jänibek"（加尼别克）等，这些都是哈萨克族古代先贤的名字。

新中国成立后至20世纪80年代，哈萨克族人民的生活有了质的变化，在党的正确领导下从典型的游牧民族走上了半游牧、半定居的新的生活道路，这一时期的人名内容、命名方式以及文化内涵等方面与以往相比有了很多变化。这一时期出生的孩子体现了新的时代特征，如："güŋšï"（公社）、"serik"（卫星）、"radar"（雷达）、"jaŋanur"（新光明）、"dïwman"（快乐）、"bolat"（钢铁）、"gimyïŋgül"（革命古丽）、"toŋkeris"（革命）、"mädeniyet"（文化）、"arïmya"（部队）、"tolqïn"（波浪）、"dajay"（大寨）等。"äsker"（军队）、"kädir"（干部）、

"xalïq"（人民）这些人名充分表达了哈萨克族人民对军人的喜爱和希望孩子将来对社会有贡献的美好愿望。

从 20 世纪 80 年代开始，随着改革开放的进一步深化，我国经济与国际接轨，哈萨克族人民的生活水平有了很大变化，这时的人名表明了哈萨克族对新技术、新知识的渴望，也使哈萨克族人名的内容更加丰富，命名方式更加新颖，文化内涵更加深刻，并且出现了意义更为深刻的人名，甚至有了用电影明星或歌星的名字给孩子取名的现象。这些都反映了哈萨克族人民给孩子命名的新思路、新观念等。如："ğalïm"（"阿力木"，科学家之意）、"gülden"（"古丽旦"，使……繁荣）、"rakat"（"热卡提"，火箭）、"maman"（"马满"，专家之意）、"aŋsar"（"阿恩萨尔"，渴望之意）、"qïmbat"（"克穆巴提"，贵之意）、"elnur"（"叶力努尔"，人民之光）、"eljan"（"叶力江"，人们的生命）、"iŋkär"（"恩卡尔"，心愿、期待）、"almas"（"阿勒马斯"，这是一位歌星之名）、"meriwerït"（"买热瓦提"，歌星之名）、"nursultan"（"努尔苏坦"）等。

与此同时，带有新时代特色的人名词和人名词缀上也有了大的变化，"aq""ay""el"等词缀代替了传统的人名词缀，尤其是父母选择人家没起过的人名给孩子取名，这些充分体现了哈萨克族文化的开放性与对新时代的适应性。如："aqjol"（阿克卓力）、"aqjan"（阿克江）、"ayjan"（阿依江）、"aqböpe"（阿克波别）、"ayday"（阿依达依）、"äsem"（阿斯木）、"arïw"（阿热乌）、"aray"（阿热依）、"ämyna"（阿米娜）、"äybat"（艾别提）、"eljas"（叶力佳斯）、"ïles"（俄列斯）等。

现在的哈萨克族父母给孩子取名时，不仅要考虑到本民族已有的命名方式，还要考虑到落户、身份证等因素，这些现象是受周围其他不同文化与环境的影响而产生的。父母给孩子取名时，选择说起来顺口、听起来悦耳的名字，甚至要在哈萨克人名翻译成汉语时，也要用好听的、有意义的字来表达，即音正字顺。如："dïyna"（迪娜）、"mïyna"（米娜）、"äliya"（阿丽亚）、"lïyna"（丽娜）、"jayna"（加依娜）、"eliyna"（叶丽娜）、"mädiyna"（玛迪娜）、"ulan"（乌澜）、"däwren"（道冉）、"oljas"（奥力佳斯）等。笔者长子"oljas"（奥力佳斯）是 2008 年出生的，是我国历史上第一次举办国际性大赛（奥运会）的特殊日子，所以上户口时我们为了纪念这一特殊日子特意选择奥运会的第一个字母"奥"来写的，其中的"佳"字也有一定的意义，是"美、好"之意。

总而言之，人名是个人的重要标志，它不仅是区分个人的标志符号，更是包含着政治、经济、文化的各种因素。因此，笔者认为对哈萨克族人名进行研究有着很深刻的社会价值与应用价值。

三、浅谈哈萨克族人名中的不同的称呼问题

姓名称谓语是人们最熟悉也是使用频率最高的称谓语，不同的称呼对象对应着不同的姓名称谓语，所以姓名称呼具有稳定性特点。哈萨克族人名是由名字和父亲的名字组成

的，通常由自己的名后加父名两部分组成的，即父子连名，以父名为姓，哈萨克族人名历史上以本名和父名后加"ulï"（"乌勒"，"儿子、传人"之意）、"qïzï"（"克孜"，"女儿、传人"之意）来称呼的，中国哈萨克族人名在称呼上除了以上的方式以外，还有本名和父名后无任何附加成分的称呼习惯。如："Ïrïs ädil ulï"（热斯·阿德力乌勒）、"Serike Sabïr ulï"（赛力克·萨布尔乌勒）、"Qïwat Maxmut ulï"（库阿特·马合木德乌勒）、"Sara Tastanbek qïzï"（萨拉·塔斯坦别克克孜）、"Gäwhar Orazqan qïzï"（高哈尔·乌拉孜汗克孜）、"Saya Jandos qïzï"（萨亚·江多斯克孜）、"Šämis Qumar"（夏木斯·胡马尔）、"Ääbdenbay Bajay"（阿布旦巴依·巴加依）、"Yasïn Qumar"（亚森·胡马尔）、"Nurlan Äbilmajïn"（努尔兰·阿布力马锦）等。

哈萨克族接受不同文化之后，又出现了姓名后加"y"的习俗，如："Qoja Axmet Yassawy"（霍加阿合买提·亚萨维）、"Jüsip Qas Qajïyïp Balasağuny"（居斯普·哈斯哈吉普巴拉萨浑尼）、"Maxmut Qašqarïy"（马合木德·喀什葛力）、"Äbwnäsir Äälfaraby"（阿布那斯尔·阿勒法拉比）、"Qadïrğaly Jalayïry"（哈德尔哈力·加拉依热依）、"Äkïm Tarazy"（阿克木·塔拉孜依）、"Nïğïmet Mïŋjany"（尼合买提·蒙加尼）、"Qumarbek Saqaryn"（胡马尔别克·萨哈林）、"Bulantay Dosjanyïn"（布兰太·多斯加宁）、"Kärïm Äkiramy"（卡热木·阿克热米）、"Dukenbay Nazarïy"（杜坎拜·那扎力）等。①

---

① 托合塔森：《语言与希望》，85 页，北京，民族出版社，2010。

哈萨克斯坦哈萨克族人名称呼与中国哈萨克族人名称呼上也有些差别，哈萨克斯坦的哈萨克族人名称的全称由名＋父亲的称和姓（爷爷的名字）三个部分组成，如 Säbyt serik ulï sïmaǧulov 等。哈萨克斯坦哈萨克族姓名后加"-ov"和"-ev"（男人姓名加的附加词缀）、"-ova"和"eva"（在女人姓名后加的后缀）等。还有"-yn""-yna""-evna"、"evyč"等词缀而称呼，甚至本名、父名、祖父名同时出现，如："Muxtar Äwezov"（穆合塔尔·艾乌佐夫）、"Ädilbek Jahsïbekov"、（阿德力别克·加克斯别克夫）、"Axmetjan Sïmaǧul ulï Esimov)"（阿合买提江·斯马胡力 乌勒·叶斯莫夫）、"Ahtoqtï Kerim qïzï Beysenova"（阿克托克特·克力木 克孜·拜山乌娃）、(Nurlan Qajïgeldyin)（努尔兰·哈吉凯力丁）、"Bolat Nurtayevyč Saqarïyïn"（波拉提·努尔太也维西·萨哈林）、"Gülden Qasïmova"（古丽旦·哈斯木乌娃）、"Janar Duǧalova"（加那尔·多哈罗瓦）、"Ädilbek Irïskeldi ulï Jahsïbekov"（阿德力别克·热斯凯勒德·乌勒·加克斯别克夫）、"Qïrïmbek Elew ulï Köšerbayev"（克热木别克·叶勒乌·乌勒·阔夏尔巴叶夫）、"Tamara Duysen qïzï Nazarova"（塔马热·对山·克孜·那扎尔欧娃）、"Gawhar Orazqan qïzi Ospanova"（高哈尔·乌拉孜汗·克孜·乌斯盘欧阿）等。

如今，哈萨克斯坦哈萨克族人名中祖父名后加本名或者直接称呼祖父名的情况多见。如："Axmetjan Sïmaǧul ulï Esimov)"（阿合买提江·斯马胡力·乌勒 叶斯莫夫）、"Ahtoqtï

Kerim qïzï Beysenova"（阿克托克特·克力木·克孜·拜山欧瓦）、"Raxmanov Däneš"（热合曼沃夫·达尼西），在这里"Däneš"是本名，"Raxmanov"是祖父名、"Jarïlqapov"（加热力哈沃夫）、"Sïmağulova"（斯马库勒乌娃）是祖父名代替了本名，本名不出现。

中国哈萨克族姓名后加俄罗斯语附加成分的习惯源于苏联十月革命胜利之后，尤其是 20 世纪 40 年代开始在新疆哈萨克知识分子当中开始广泛使用了，选择这种姓名后加附加成分是带有不同时代浓厚的历史、政治、经济等特点，这些人名在某种程度上折射出哈萨克族所经历的特定时代的文化特点，与当时的社会生活息息相关。如："帕特汗·苏革尔拜耶夫"、"居马德力·别热克拜耶夫"、"伊满阿勒·萨叁沃夫"①、"达列力汗·苏革尔拜耶夫"等。

哈萨克族人名称谓上还有一个需要注意的是哈萨克族人名中的同名现象，这种现象会在日常生活中引起不少麻烦，尤其是在同单位上班的同事或同班级上学的学生之间有两个或两个以上同名的人。要是两个人的名字同时出现，为了将这两个人的名字加以区分，一般采用"大"或"小"来区分，如：赛力克（大）、赛力克（小）等；要么在本名后加父名的第一个字母来区分，如哈那提·阿、哈那提·拜；要么叫全名，即本名和父名，如：奥力佳斯·迪亚尔别克等。

如今，哈萨克族在人名称谓上，不同国家仍存在多种不一致的称呼问题，如：哈萨克斯坦哈萨克族深受俄罗斯文化

---

① 托合塔森：《语言与希望》，86 页，北京，民族出版社，2010。

的影响，在政治、经济、文化等方面都显示出与中国哈萨克族不同的称呼习惯。中国的哈萨克族深受主流文化的影响，尽量选择既简单又顺口的人名称呼方式，便形成了同一个民族不同的人名称呼方式。笔者认为，适合称呼哈萨克族人名的还是传统的称呼形式，即"名字"＋"父名"＋"ulï/qïzï"（儿子／女儿）。在没有更得体称呼的情况下，该称呼最合适不过了，并且这种称呼现在已经开始流行。哈萨克斯坦哈萨克族人名中也能见到这一称呼，但没有完全脱离俄罗斯文化影响的哈萨克斯坦哈萨克族短时间内无法放弃带有俄罗斯附加成分的人名称呼。

第二节　哈萨克语拟亲属称谓语

一、哈萨克语拟亲属称谓语概念及其渊源

哈萨克语的拟亲属称谓语相比较其社会称谓语来说没有那么复杂。从社会语言学的角度来看，哈萨克语拟亲属称谓语颇具有社会和文化内涵。在社会交际中，由于交际对象和交际环境的不同，人们常常找不到合适的社会称谓语来称呼对方。这时，最好的办法就是借用与交际对象情景、年龄相适应的亲属称谓语来称呼对方。这时，所用的亲属称谓语的词形和词义等均发生变化，因为它不是真正意义上的亲属称谓语，所以称

其为拟亲属称谓语。

哈萨克语亲属称谓语既可用于亲属关系，也可用于非亲属关系。如："äje"（奶奶）、"ata"（爷爷）、"aǧa"（哥哥）等称谓语一般用于亲属之间，表示他们具有亲属关系。但"apay"（大姐）、"aǧay"（大叔）、"atay"（老大爷）、"äjey"（老奶奶）等称谓语一般用于非亲属之间。有亲属关系的人平时相互并不会这样称呼，即拟亲属称谓语与亲属称谓之间的主要区别表现在亲属称谓语后缀加的附加成分上。使用拟亲属称谓语的目的是先引起对方的注意，再拉近双方的关系，以此消除双方的心理障碍。因此，拟亲属称谓语在社会交际时，能起到"套近乎"的作用。

这种情况在哈萨克族人际交往的过程中屡见不鲜，是哈萨克语一种有趣的语言现象。拟亲属称谓语是借用亲属称谓语来称呼无亲属关系的人，也叫做亲属称谓语的"外化"或"泛化"。拟亲属称谓语便是以新的形态来补充社会称谓语的不足。

"这些泛化了的亲属称谓语，因其社会化而转换成社交称谓语，进入社会称谓语系统。这种泛化具体反映了中国人重视姻亲和血缘关系，强调家庭的纽带关系和凝聚力。"[①] 拟亲属称谓语是哈萨克族文化中重家庭、重亲情的观念体现。泛化后的称谓语处于表示尊敬、情感与交际上的需要。我们在街上或其他地方遇到非亲属关系的人时，在并不知道对方的身份、年龄、姓名和职务的情况下，根据我们的生活经验，亲属称谓泛

---

① 宋静静：《称谓语的泛化研究》，26页，载《内肛科技》，2012（3）。

化到亲属关系之外的范围，想方设法拉近双方的心理距离，清除彼此的心理障碍，使双方很快进入言语交流以达到一定的交际目的。如称呼祖辈年龄相仿的男性和女性为"ata"（爷爷）、"atay"（老大爷）、"äjey"（大娘）、"äje"（老奶奶）、"apa"（祖母、奶奶）；称呼跟父辈年龄相仿的男性或女性为"ağay"（伯伯、叔叔）、"apay"（大姐）、"apa"（老妈妈）；称呼跟自己年龄相仿的男性或女性为"ağa"（哥哥）、"ağay"（大哥）、"bawïr"（兄弟）、"äpeke"（姐姐）、"qarïndas"（小妹）等。

亲属称谓语的泛化作为一种社会普遍现象，历史上早就出现。哈萨克族是中华民族的一部分，哈萨克族的文化也是中华文化的不可分割的一部分。从古到今，哈萨克族的经济、文化、语言等都 与中原经济、文化和语言息息相关。汉语称谓语内容丰富，亲属称谓语外化现象也比较早，它最早出现于何时已经很难考证，但南北朝时，就已有文献记载了。如，《宋书·刘敬传》："敬宣惧祸及，以告高祖。高祖笑曰：'但令老兄平安，必无过虑。'"①

而哈萨克语亲属称谓语泛化现象最早出现于何时也是很难考证，但在根据史料记载和流传的哈萨克民间文学中也能找到些印迹，古代碑铭文献中有一些相关的称谓语。哈萨克族也非常重视亲属关系，哈萨克族传统上七代以内禁止通婚，保留了原始的社会组织形式，氏族和部落是大小不同的血缘关系结合起来的人们共同体。哈萨克族人把同一个部落里所有的人当

---

① 马宏基、常庆丰：《称谓语》，45 页，北京，新华出版社，1998。

做亲戚来看待。直到现在，即使哈萨克族人的社会生活和经济状况发生了翻天覆地的变化，也保留了不少传统的风俗习惯。亲属称谓语是亲属关系的载体，使用亲属称谓语来称呼非亲属的人正符合哈萨克民族的心理。

哈萨克语拟亲属称谓语中最具特点方面是年长者碰到年少者时，把他们视为自己的孩子，称呼对方为"balam"（我的孩子）、"qïzïm"（我的女儿）、"ulïm"（我的儿子）、"bawïrïm"（兄弟）等。甚至，老师在课堂上把学生称呼为"balalar"或"balalarïm"（孩子们，我的孩子们）等，如："balalar qayda ketti？"（孩子们去哪儿了？）、"balalarïm, sabaqtï jaqsï oqïŋdar!"（孩子们要好好学习）。

拟亲属称谓语的最大特点是非系统性与非严格性，它没有像亲属称谓语那样有辈分、年龄等规则，也不是所有的亲属称谓语都可以使用于非亲属人员，如："äke"（爸爸）、"nemere"（孙子）、"šöbere"（曾孙）、"ana"（妈妈）、"qayïnata"（岳父）、"qayïnbiyke"（大姨子）等词语不能作泛化称谓。拟亲属称谓语多使用于非正式场合，只限于人们的日常交往，如街坊邻里与朋友之间。由于没有真正的亲属关系，拟亲属称谓语没有严格的界定，要由发话人根据交际情况、自己与对方的年龄差距来估算，以及与对方关系的亲疏来确定。如："jezde/jezdeke"（姐夫）、"baja/bajike"（连襟）、"küyew bala/küyew"（女婿）、"baldïz"（小舅子）、"qudabala"（指接亲双方的青年男亲属）、"qudaša"（指接亲双方的青年女亲属）、"quda"（亲家公）、"qudağïy"（亲家母）等词语在哈萨克人日常交际中使用的频率较多，也是哈萨克拟亲属称谓不同于其他民族拟亲属称谓语的特点之一。在哈萨克族社会中，一些称谓甚至适合于部落与部落之间的所有人使用，如黑宰（qïzay）部落男子娶了克烈部落的女孩，那么这个男人可称之为整个克烈部落的女婿，克烈部落的任何一个年长者都可称呼其为女婿。同理，诸如亲家、姐夫、兄弟、"qudaša"（指接亲双方的青年男女亲属）这些称谓同样具有部落之间通用的应用范围。不管他们是近亲属，或是远亲属，是否有姻缘关系，甚至之前可能都不认识彼此，但只要存在这种被哈萨克族长久以来认可和遵循的社会规则，当事者会接受这种称谓并在一定的程度上履行与这个称谓相适应的社会角色。这种广泛存在于观念上的默契，使得这些称谓语一直发挥着其独特的社会作用并沿用至今。

在社会交际中，哈萨克族人虽然较多地使用亲属称谓语，但它们之间没有血缘关系，没有婚姻上的瓜葛，所以很少用于自我介绍和对别人的介绍。"大多数亲属称谓用于非亲属交际需要进行改造。改造，是许多亲属称谓进入非亲属交际的一个重要条件，是区别亲属交际和非亲属交际的重要标志。"[①] 如果一个人称呼另一个人为"ata"（爷爷），那我们一般可推断出他们之间是祖孙关系，如果一个人称呼另一个人为"atay"（老爷爷，大爷），可以理解为晚辈对长辈的尊称，很少人会认为他们之间是祖孙关系的。在哈萨克语中称呼一个人为"ata"（爷爷）、"apa"（奶奶）时，是较难的分

---

① 潘文、刘丹青：《亲属交际在非亲属交际中的运用》，109 页，载《南京师范大学学报》，1994（2）。

清楚他们之间到底是祖孙关系，还是晚辈对长辈的尊称，因为用亲属称谓语来称呼非亲属人员是哈萨克族当中很普遍的社会语言现象，哈萨克族把所有的人视为自己的亲戚，"亲如一家""亲如兄弟"的观念已扩展到整个哈萨克人当中。

二、哈萨克语拟亲属称谓语的构成方式

哈萨克语中，对亲属称谓语后缀加以下附加成分来称呼非亲属关系人。

（一）亲属称谓语 + "-y"

哈萨克语对成年男女称谓语的改造，基本上是在亲属称谓语后加 "-y" 等附加成分。"-y"作为后缀，即可用于长辈称谓语的改造，也可用于同辈称谓语的改造。

表 2-1 长辈称谓语及其适用范围

长辈称谓语	适用范围与使用对象	汉译
atay	对长辈男性的尊重，可用于熟人或陌生人，被用于非正式的交际场合当中	老爷爷，大爷
äjey	对长辈女性的尊称，可用于熟人或陌生人，被用于非正式的交际场合当中	大娘，老大娘
apay	对年岁较大的妇女的尊称、既可用于熟人或陌生人，也可以用于正式或非正式的场合，但要受到年龄的限制，不宜用于岁数较小的女人	大姐、老大姐

长辈称谓语	适用范围与使用对象	汉译
šešey	对长辈女性的尊称，可用于熟人或陌生人，一般用于非正式的交际场合	大娘、老大娘
äkey	对父亲的尊称，或年龄与父亲差不多大的，对长辈男性的尊重，用于熟人以及非正式的场合	爸爸、叔叔（伯伯）
tätey	对年岁大的妇女的尊称，可用于熟人或陌生人，一般可用于非正式的场合	大姐，姐姐

表 2-2　同辈称谓语及其适用范围

同辈称谓语	适用范围与使用对象	汉译
ağay	对比自己年龄大的男性或年龄大的男性老师的称呼（女性使用 ağay 来称呼，男性多使用 ağa 来称呼），既可用于熟人或陌生人，也可以用于正式或非正式的场合	哥哥，兄长，老师
jeŋgey	对年长妇女的尊称，jeŋge 是对非常亲近或熟人的称呼；而 jeŋgey 可用于熟人或陌生人，适用于非正式的场合；jeŋeše 是对不熟悉或陌生女人的称呼，一般用于非正式的场合；jeŋgetay 有一种恳求之意，一般用于非常熟悉的女人	大嫂
apay	以前是对年岁较大的妇女的尊称或孩子对父亲的姐姐或妹妹的称呼，现在同辈人当中也多使用，可用于熟悉或不熟悉的女人，这种称呼多出现于非正式的场合当中	姐姐

（二）亲属称谓语 + "-tay/-tey"、+ "-ke/-eke"、+ "-jan"

这些词缀表示一种亲切的感情，缀接在亲属称谓语后表示对别人的尊重，也有一种恳求或央求之意。

表 2-3　亲属称谓语 + "-tay/-tey"、+ "-ke/-eke"、+ "-jan"

亲属称谓语	适用范围与使用对象	汉译
äketay	对父亲和小孩子的昵称，请求大人（年龄与父亲年龄差不多的男性）或大人宠爱自己的孩子或别人的孩子时所使用，比较适合于非正式的场合下所使用	对父亲和小孩子的昵称，表示好爸爸、好孩子、乖孩子
jeŋgetay	jeŋgetay 有一种恳求之意，一般用于对非常熟悉的女人的称呼，更适合于非正式场合下所使用	对嫂子的昵称
köketay	一般用于对亲人或亲戚长者男人的称呼，非正式的场合下使用	对父亲（叔叔）的爱称，表示对父亲的恳求
böpetay	对婴儿的昵称，长者称呼晚辈时所使用，一般用于非正式的场合	小宝贝
ağatay	恳求或央求哥哥（叔叔）时对哥哥（叔叔）的尊称，晚辈称呼长辈时所使用，一般用于非正式的场合	对哥哥（叔叔）的尊称
atatay	小孩恳求，乞求时对父亲或爷爷的昵称，晚辈称呼长辈时所使用，适合于非正式的场合	对父亲或爷爷的昵称
apatay	对奶奶或妈妈的昵称，好奶奶，亲妈妈，晚辈称呼长辈时所使用，一般适合于非正式的场合	好奶奶，对奶奶或妈妈的爱称

亲属称谓语	适用范围与使用对象	汉译
ağajan	晚辈称呼长者时所使用，适合于非正式的场合	对哥哥的爱称
erkejan	长辈称呼晚辈时所使用，适合于非正式的场合	嫂子对小姑子的昵称
ağake	晚辈称呼长者时所使用，适合于正式与非正式的场合	对哥哥或叔叔的尊称
jezdeke	小舅子或小姨子对姐夫的昵称，一般用于非正式的场合	对姐夫的爱称

（三）亲属称谓语 + "-ša/-še"、+ "-šaq/-šek"、+ "-qay"

这些词缀构成年轻或年纪"小"的称谓语，哈萨克语里缀接在称谓语后，表示小的意义。这种称谓只限于同辈人之间的称呼或长辈对晚辈的称呼，要是晚辈对长辈使用这些称谓语的话，则含有一种不尊敬的意味。"qudaša"（指接亲双方的青年女亲属）、"kelinšek"（小媳妇）、"inišek"（小弟弟），"balaqay"（小宝贝，小家伙）等。

由于亲属称谓语具有一定的地域性，因而由亲属称谓语构成的拟亲属称谓语也具有一定的地域性，就是生活在新疆境内的哈萨克族人的称谓语中也存在一定的差异。哈萨克族是由不同的氏族部落所组成，语言之间也存在一些地方性的差别。农村地区对拟亲属称谓语的使用较普遍，尤其是中老年人有较为重视家族关系的哈萨克族传统意识，用亲属称谓语来称呼别人已形成他们的语言习惯，这与哈萨克族传统的伦理道德以及重视部落血缘关系这些根深蒂固的传统观念息息相关。在城市里，以部落为基础的社会结构已经开始消失，哈萨克族人与其他不同的民族生活在一起，哈萨克族传统家庭结构发生了很大的变化，传统家族观念开始淡化。生活在城市里的年轻人不轻易或不愿意用亲属称谓语来称呼对方。如今，在城市的哈萨克族人向陌生人问路时，平时大多使用"mïrza""biykeš""azamat""qïz"或"哎""喂"等通用称谓语或招呼语。

（四）职衔＋亲属称谓

职衔称谓语体现交际双方的尊卑关系。哈萨克语中，职衔称谓语一般是称谓语后加亲属称谓。如："bastïq ağa"（领导哥哥）、"biy ağa"（毕官哥哥）、"äkim ağa"（行政长官哥哥）、"bapker ağa"（教练叔叔）、"sekïratar qaynïm"（书记小叔子）、"professor ağa"（教授叔叔）、"doxtïr apay"（医生阿姨）等。在哈萨克人看来，家族亲属关系是人世间最亲密的关系，运用以上的亲属称谓来称呼对方，不仅表示尊敬、客气，更表示了发话人希望与被称呼者建立亲密关系，能够缩短交际双方的距离，消除双方的心理障碍，更容易达到语言的"亲和"功能。

（五）姓名＋亲属称谓语

姓名是特殊的社会称谓语，它既在亲属称谓语中使用，又在社会称谓语中使用。它兼具着亲属称谓语和社会称谓语的双重功能与特点。在社交场合中，人们使用人名后加亲属称谓语来称呼对方，这种称呼方式在哈萨克族人的日常交际中最为普遍。人名后加亲属称谓语的目的在于拉近双方关系，消除双方交际的心理障碍，使双方处在同等地位，以达到想要的交际目的。

哈萨克族人在社会交际中，交际双方的权势关系与级别有时不太明显。在哈萨克语称呼有权势、有权力的人时，一般不特别突出被称呼方的地位、权势与权力，而是在人名后加亲属称谓词语来称呼。如：阿山主任称呼为"asan ağa"（阿山哥哥）、叶力夏提乡长称呼为"elšat ağay"（叶力夏提叔叔）、毛坎州长称呼为"maoken ağa"（毛坎哥哥）、海霞主任称呼为"qayša apay"（海霞阿姨）等。

讲究情感和注重伦理道德是哈萨克族的文化传统。多数情况下，熟人相遇时，年龄大的人对比自己年龄小的人可以直呼姓名。但遇到生人时，由于不知道对方的年龄与名字，便不能随意呼喊其"喂""哎""某某人"等，要选择适当的亲属称谓语来称呼，否则会显得不礼貌。甚至，双方的交流将会被终止。若是运用亲属称谓语来称呼无亲戚关系的人，就显得更礼貌，更容易被人接受，社会交际则可顺利进行。一般对老人尊称"ata"（爷爷）、"apa"（大娘）等，比自己年龄稍大的称"ağa"（哥哥）、"apay"（姐姐）；比自己稍小的称"inim"（弟弟）、"inišek"（小弟）、"siŋilim"（妹妹）、"qarïndas"（妹妹）等。哈萨克族的家庭和社会有传统的敬老爱幼美德，哈萨克族人从小就养成了讲礼貌的好习惯。尤其是年轻人将尊重长辈视为自己义不容辞的责任。他们从不直呼老人的名字，否则，被认为是不礼貌，无教养的。因此，亲属称谓语最适合哈萨克族人的社会交际关系，是人们必须遵守的社会准则，以礼貌、道德等标准来称呼对方，否则会受到人们的指责与谴责。

总之，拟亲属称谓语在大部分场合都可以使用。用亲属称谓语来称呼非亲属关系的人时，称谓语也带上了浓重的家庭亲情色彩。

第三节　哈萨克语社会关系类称谓语

一、哈萨克语社会关系类称谓语的定义

社会内部所使用的社会关系称谓语表现出了社会结构，以及人与人之间的社会关系。社会关系是指社会大众在共同认可及遵守的各种行为标准规范下的一种互动，这种互动因个人社会地位的不同而扮演不同的社会角色。马克思主义认为，社会关系为生产关系构成的总和。社会关系涉及政治、经济、文化和生活诸方面的各种错综复杂的关系，它包含亲属关系和社会人际关系等。社会关系源于人，因而人与人之间便产生了各种各样的复杂的关系，这些关系我们就统称为社会关系。

社会关系是指人们在共同的社会活动的过程中，彼此间

结成的各种关系。社会称谓语具有明显的社会性特点，因为人的一切行为活动都源自于他所处的实际社会。在进行社会交际与交往时，人们首先要选择适当的称谓语来称呼为对方，这不仅是对被称呼者的尊敬，而且能使双方的交际变得更和谐、更愉快，使交际双方能够达到理想的交际效果。人际关系是非常重要的，人在日常生活中不总是单独活动，人类为了生存必须与他人进行社会交流，这是一种不可逾越的自然规律，也是大家公认的社会事实。人是社会存在物，人的一切行为离不开社会，更离不开各种各样的社会关系与交往。社会是非常复杂的，人与人的交际更是错综复杂的，因此，社会关系称谓语比亲属称谓语更多、更复杂。

人的社会活动定会与他人形成各种各样的关系，这些关系包括社会关系与人际关系等，社会关系与人际关系的区别是先有人际关系，后有社会关系。人际关系在社会关系建立后，又是社会关系的具体体现。人际关系更强调相互作用的个性特征，而社会关系则是指它所包含的共性方面。

社会称谓语是社会结构、人际关系的符号。社会交往过程中，常常需要借助各种各样的称谓语来确认称呼者与被称呼者的社会角色，如：教师与学生、领导与群众、厂长与工人、售货员与顾客、售票员与乘客、医生与病人、家长与子女等。随着社会角色与语言环境的改变，社会称谓语也会相应调整。

二、哈萨克语中常见的社会关系称谓语的种类

任何一个人在跟其他人交际时，主体之间必定会产生某种关系（在这里讲的是除了亲属关系之外的其他关系）。如朋友关系、师生关系、敌对关系、主客关系、邻居关系、同乡关系等。哈萨克语中有许多表示双方关系的社会称谓语。最常见的有以下几种：

"sabaqtas"（同学）、"partalas"（同桌）和"mekteptes"（校友），这些词在学生当中使用频率较高，且具有一定区别。一般来说"sabaqtas"（同学），即同班同学，也可以表示在同一个学校学习的人彼此间的称呼。"mekteptes"（校友）是"学校的师生称在本校毕业的人，有时也包括曾在本校任教职员的人"[1]。即在不同班、不同年级的一般称谓。在学校里，同班同学之间很少使用"sabaqtas"（同学）这一称谓语，但毕业后却都会使用这个称谓语。"partalas"（同桌）指的是使用同一张课桌的两个学生。从双方关系紧密程度而言，同桌之间的关系比起同学与校友更亲密一些，更能反映出人与人之间的不同人际关系与社会关系。

"dos"（朋友），不仅可指朋友，还可指同事、同志或彼此有交情的人，在哈萨克语社会称谓语中使用频率较高。这是青年人中比较流行的称谓语，含有讲哥们儿义气的意思。除了用于通称的本义之外，"dos"（朋友）之前加上"男""女"

---

① 王火、王学元：《汉语称谓词典》，228页，沈阳，辽宁大学出版社，1988。

构成"男朋友""女朋友"的格式，还表示双方是恋人关系。

朋友关系是每个语言当中最常见的一种关系，现代哈萨克语里也有很多表示此关系的称谓。如："ağayïn"（兄弟／哥们）、"bawïr"（兄弟）、"sirlas dos"（知心朋友）、"jaqïn dos"（密友）、"kone dos/käri dos"（老朋友）、"alïs dos"（关系疏远的朋友）、"ädettegi dos"（普通朋友）、"qïymas dos"（知己）、"nağïz dos"（真情朋友）、"kiškene dos"（小朋友）、"serik"（伙伴）等。

中国人自古很重视友谊，有一句谚语："为朋友两肋插刀。"在日常交际中，把称谓对象（无论什么人）当做"dos"（朋友）来对待，可以消除交际双方的紧张状态，缩短彼此的距离，达到理想的交际目的。

"awïldas"（同乡），指的是同一个阿吾勒的人。哈萨克语中也有"eldes"这一词，意思是"同部落的人"。哈萨克族特别重视血亲关系，同一个阿吾勒的人一般由同一个部落组成，把同一个阿吾勒的人都视为亲戚来看待，日常交际中也是如此。哈萨克族有一句谚语："alïstağïnïŋ atï ozğanša, awïldastïŋ tayï ozsïn"（远亲不如近邻），因此，"awïldas"（同乡）也能反映出哈萨克语社会关系称谓语的关系特点与特征。

"köršïles"（邻居），指的是居所较近的人之间的关系。哈萨克族中盛行相互济助的习俗，这种习俗是古代祖先留传下来的。哈萨克族乐于助人，也非常重视邻居关系，与邻居和睦相处，常与邻居来往，通过密切关系来表示对邻里的关怀。哈萨克族决定在某一个地方盖房子之前会打听并了解掌握邻居情况，这充分说明邻居关系对哈萨克族人的重要性。"邻居"在哈萨克语里被称呼为"köršï-qolaŋ"（左邻右居）、"köršïm"（我的邻居）。在社会交往过程中，哈萨克族人把邻居关系放在首位来处理，因此，"köršïles"（邻居）这一称谓语更能显示出哈萨克语社会关系称谓语中的关系特点。

在社会生活中，每个人的交际都处在多极化的状态。一个人在厂子里要同厂长或职工打交道，在学校里要同学生或老师以及其他行政人员打交道，在医院里要同医生或护士打交道，在机关里要同工作人员打交道，在商场里要同售货员打交道，在乡村里要同群众打交道，在家里要同父母或其他亲戚打交道。在这样多极化的社会关系中，每个人要扮演各种不同的社会角色，每个人都处于不同角色关系之中，如，"jetekši"（导师）与"oqïwšï"（学生）、"basšï"（领导）与"buqara"（群众）、"otağasï"（家长）与"ul-qïz"（子女）、"qarïydar"（顾客）与"zat satïwšï"（售货员）、"jolawšï"（乘客）与"belet satïwšï"（售票员）、"sestïra"（护士）与"nawqastanwšï"（病人）等。从关系的性质来看有亲密的、随意的、商讨的、服务的、求助的、支配的。从交际双方的关系紧密程度来看，老师与学生、家长与子女的关系是固定的；医生与病人、顾客与售货员、乘客与售票员等的关系是临时的，面对如此错综复杂的社会，好多经验不足的人会感到茫然无措，不知怎么做才好。因此，社会关系称谓语更体现了社会关系的复杂性。

哈萨克语中有不少表示社会关系的称谓语，社会关系称谓语的主要构成方式是名词后缀加附加成分，即名词后缀加上

"-das/-des"，"-las/-les"，"-tas/-tes"等附加成分，这种词缀加在名词后表示具有某种共同性的人。如，"joldas"（同志，同路人）、"qurdas"（同龄人）、"bawïrlas"（同胞）、"jerles"（同乡）、"qïzmettes"（同事）、"sabaqtas"（同学）、"awïldas"（老乡）、"partalas"（同桌）、"mekteptes"（校友）、"kündes"（妻妾之间的称呼）、"muŋdas"（知心）、"qandas"（同血统的）等。

名词后缀加上"ši/ši"等附加成分，构成表示职业或某种爱好的名词。如："isši"（工人）、"qïzmetši"（工作人员）、"belet satïwši"（售票员）、"zat satïwši"（售货员）、"kütiwši"（服务员）、"jumïsšï"（工人）、"tazalïqšï"（清洁工）、"sïrší"（油漆工）等。

社会关系是极其复杂的，极其讲究的，人与人之间的关系综合为权势关系、同等关系、服务关系等三大类。

（一）权势关系

美国心理学家罗杰·布朗认为称谓语的选择既受到体力、年龄、财富、出身、性别和职业上的"权势"（power）影响，也和人与人之间的"亲近程度"（solidarity），或译为"同等关系"密切相关。[①]"如果一个人能控制另一个人的行为，他对后者就具有权势。"

哈萨克语中，交际双方所选择的称谓语凸显的是尊敬、礼貌的色彩。但哈萨克族的传统习俗与价值观并不是一成不变的，随着时代的变化与人们价值观念的不断更新，人们的思想

---

① 陈晓春：《拿什么来称呼您，陌生人？》，5页，载《修辞学习》，2005（4）。

观念与伦理道德也会有所改变，称谓语也会有所调整。现代哈
萨克语社会关系称谓语中，因受主流文化的影响，称谓语的使
用上也大量出现了反映权势关系的称谓语，社会关系称谓语反
映出处于支配一方的社会地位或权势，现在有些部门里甚至很
少使用拟亲属称谓语相称。在哈萨克语中有表示权势关系的称
谓语，如：领导与被领导、长辈与晚辈、家长与子女之间的权
势关系等。当交际双方处在不平等地位时，双方选择使用称谓
语的机会是不平等的。处于被支配的一方所选用的称谓语能反
映出处于支配一方的社会资格与社会身份，如：按照哈萨克族
人的传统习惯，晚辈对长辈说话时，在人称代词的使用上必须
要使用"您"，而不使用"你"，这是一种礼貌客气的话，表
示对有地位者的尊敬，这更能显示出说话者的文化水平与道德
修养。无论交际对象是官员，还是普通老百姓，只要年长，对
被称呼者都要使用"您"。而处于长辈资格身份的一方，在称
谓语的选择运用上有较大的回旋余地，即老人对青年人的称呼
等。长辈可以使用拟亲属称谓语或使用"你"来称呼晚辈，也
可以直呼其名。如："balam""qïzïm""bawïrïm""qarïndasïm"
等，或者" sen kimniŋ balasïsïŋ?"（你是谁的孩子？）；或者
"ayjan，beri kelip ketši!"（阿依江，你过来一下！）等。如果
称谓对象是长辈的话，晚辈不能直呼其名或使用"你"来称
呼，否则会认为是不礼貌、不文明的。如果称谓对象有权势、
有某种社会地位的话，处于被支配地位的年龄小的一方也不能
直呼其名。称呼对方时，双方之间的年龄相差不太大的话，对
被称谓者的人名后可以缀加" -qa"" -ke"" eke"等带有尊敬

色彩的附加成分来称呼。如果被听话者的年龄较大时，人名后加拟亲属称谓语或职业来称呼。人名后加附加成分表示对被称呼者的尊敬，能缩小双方之间的心理距离，拉近双方的关系。人名敬称表达称呼者对被称呼者的尊敬，主要是同辈之间的敬称，这种称呼形式不会影响被称呼者的名字，反而加强对称呼对象的感情色彩，使有些又长又不好称呼的人名简单化，给双方的社会关系与交往过程创造更有利的条件与环境。如：把"qurmanbek"（胡尔满别克）称呼为"qureke"（老胡）；"jarqïn meŋgeriwši"（加尔恒主任）称呼为"jarqïn aǧa"（加尔恒哥哥）；"abay lyanjaŋ"（阿拜连长）称呼为"abay inišek"（阿拜兄弟）；"azat muǧalïm"（阿扎提老师）称呼为"azat aǧay"（aǧay 是老师的另一种称呼方式）等。在哈萨克族中，家长与子女之间的关系也是属于特殊的权势关系，孩子从小处于被支配的地位。在哈萨克语称谓语的运用上也能反映出权势关系，如：子女对家长要使用"您"，或使用亲属称谓语来称呼，但不能直呼其名。而家长对子女要使用"你"，或使用亲属称谓语来称呼，也可以直呼其名。

（二）同等关系

两位美国学者布朗（Roger Brown）和吉尔曼（Albert Gilman）在"关于代词对称中的权势与同等语义关系"的研究中又提到同等关系概念，"同等"指的是亲近随和的统称形式。同等关系指的是一种同权势关系相对立的关系，也就是说交际双方都处于平等地位的关系。如：夫妻、邻里、同学、朋友等。处于平等关系的交际双方之间没有任何支配与被支配的社会地位关系。因此，在选择使用称谓语的机会是平等的，相互间的称呼是随意的。如：学生之间，尤其是大学生之间使用的称呼形式是多种多样的，同学之间可以直呼其名，也可以使用昵称、亲属称、零称呼等。零称呼的使用较少，有"嗨""哈喽""喂"等称呼形式。邻居之间的称谓更体现了社会称谓语的同等关系，可以使用多种称呼形式来相互称呼。邻里之间可以使用拟亲属称谓语，也可以使用其他称呼形式，如：邻居之间可以使用"aqsaqal"（大爷）、"äjey"（奶奶）、"qarïya"（老人）、"apay"（阿姨）、"ağay"（叔叔）、"jeŋgey"（大嫂）等；也可以直呼其名或使用人名敬称等称呼形式。夫妻之间的称谓语更是随便一些，有"äkesï"（孩子他爸）、"šešesï"（孩子他妈）、"küyewïm"（老公）、"jarïm"（老婆）、"janïm"（心肝儿）等；有时候连称谓语都不用，而是用"哎"或"喂"等代替。处于平等地位交际的双方来说，同等关系能够交际双方创造出亲密、随和、融洽的语言气氛，有利于交际的顺利进行。

（三）服务关系

当交际双方都处于服务与被服务的状态之中时，就会使用到一些带有服务关系的称谓语，如，"zat satwšï"（售货员）与"qarïydar"（顾客）、"belet satïwšï"（售票员）与"jolawšï"（顾客）、"sestïra"（护士）与"nawqastanïwšï"（病人）、"kütïwšï"（服务员）与"qarïydar"（顾客）等。有一句"顾客至上"之说，为了使顾客满意，餐厅里的工作人员尽量要做到服务到底，以满足顾客的要求为止。因此，他们之间就会形成临时的、暂时的社会关系。在这种服务关系中的交际双方一定要互相尊重，在称谓语的选择上尽量采用尊称，避免发生不愉快的事情。

总之，以上提到的三种关系并非固定不变的，而是可以相互转化的，如交际一方的社会地位的变化与交际场合的变化等种种因素会影响社会关系的相互转化。由于社会关系的复杂性，我们在使用称谓语时，不能只限于一种称谓语，要从多角度考虑，准确地把握住多种关系中的交互作用，才能准确地使用社会称谓语。

第四节　哈萨克语的身份类社会称谓语

一、身份类社会称谓语的定义

社会语言学称谓语的研究在很大程度上与两位美国学者布朗（RogerBrown）和吉尔曼（AlbertGilman）关于代词对称中的权势与同等语义关系的研究分不开。布朗与吉尔曼通过对欧洲主要语言称代系统进行调查，概括出代词对称的两种基本语义关系，即权势与等同（powerandsolidarity）并分别用相应的拉丁语词 vos 和 tu 的首字字母大写形式 V 和 T 来表示。① 以上两位学者提出的"权势"指的是一种礼貌客气的尊称形式，而"等同"指的是亲近随和的统称形式。不同关系的人在社会场合中进行交际时，由于身份在内的种种因素，处于不同的社会地位。在"权势关系"中交际双方处于不平等的社会关系中，被称呼者处在较高的地位，称呼者处在较低的地位。权势高的一方称呼权势低的一方时可以用 T（相当于哈萨克语的你）来称呼。权势低的一方称呼权势高的一方时，一般使用 V（相当于哈萨克语的您）来称呼。按照哈萨克人的传统习惯，晚辈对长辈说话时，在人称代词的使用上必须要使用"您"，而不用"你"，这是一种礼貌客气的话，表示对长辈的尊敬，这更能显示出说话者的文化水平与道德修养。无论交际对象是官员，还是普通老百姓，只要年长者，对被称呼者要使用"您"。这也是哈萨克称谓语的最大的特点之一。

　　如果交际双方处在平等的地位，他们之间的关系是"等同关系"，那互相不会有上下级关系、长幼关系的概念。现代称谓研究中，社会语言学家广泛使用布朗和吉尔曼所提出的"权势关系"与"等同关系"，日常交际中，交际双方的身份决定交际场合的称谓，这种语言现象几乎所有的语言的共有特征。

---

① 　任海棠、冯宁霞:《称谓语的选用与社会身份关系之表达》，109 页，载《西安文理学院学报》，2005（5）。

二、哈萨克语的身份类社会称谓语的分类

身份类社会称谓语大致分为两大类：一是职业称谓语，即用被称呼者所从事的职业来称呼。如，"malšï"（牧人）、"baqtašï"（牧民）、"eginšï"（农民）、"ormanšï"（护林员）、"aǧašsï"（木匠）、"temirši"（铁匠）、"doxtïr"（医生）、"muǧalïm"（老师）等。职业称谓语表现的一般是从事脑力劳动或深受大众尊敬的职业，可以直接用来面称，或在前面加上其姓名，又或职业称谓语后面加上"先生、女士、夫人、叔叔"等词语来形成复合词。二是职衔称谓语，即官职、职称、学衔等，用其职衔来称呼被称呼者。如，"mekeme bastïǧï"（局长）、"doktor"（博士）、"professor"（教授）、"sekiratar"（书记）等。"校长"（mektep bastïǧï）、"上尉"（käpiytan）等官职称谓语一般是下级称呼上级或平级之间互称。"教授"（professor）、"高级工程师"（joǧarï därejeli ynjener）、"高级农艺师"（joǧarï därejeli ägronom）、"高级畜牧师"（joǧarï därejeli mal texnygi）等称谓语是职称，跟人们从事的职业有着密切关系。这种职称标志着某人在某项专业领域所达到的科研水平与学术水平，也可形成一个由高到低的系列。"fost doktor"（博士后）、"doktor"（博士）、"aspïyrant"（硕士）、"baklawïr"（学士）等称谓语是学位称，这类称谓语表示人的学位级别的高低。

哈萨克语中职衔、职业、职位等称谓语都有其自身的称谓语，与其他民族的身份类称谓语有着相似之处，也有不同之

点。首先，不同语言的称谓语要受到它所属的语言系统的制约，形成不同的称谓习惯。其次，不同的民族心理与文化传统形成了不同的称谓习惯。哈萨克语称谓语与哈萨克族的政治、经济生活、风俗习惯、自然环境等息息相关。因为哈萨克族经历了漫长的、比较松散的游牧生活，以部落为主的血缘关系维系着每个哈萨克族人之间的交际网络，"亲如一家""同部落里的人都是亲戚"等观念的影响特别深刻，因此，与以亲属关系为主的传统观念相比，职衔、官职等级观念对哈萨克族人的日常生活交流与社会交际中的影响不是特别深刻。这一点哈萨克语称谓语里表现得尤为明显。哈萨克语里，在非正式的交际场合中，上级称呼下级时，或下级称呼上级时一般情况下很少使用"姓 + 官职"和"姓 + 职衔名词"等称呼形式。在日常社会交际中，长辈或同辈间是可以使用人名敬称来称呼的。如："seke, üyge kiriŋiz"［请进屋吧，老赛（指的是赛力克书记）］、"nuraš apay, dokïlat jasawïma bolama?"（努拉西阿姨，可以作报告吗？这里的努拉西是主任）等。而长辈领导称呼晚辈时，采用拟亲属称谓来称呼的。如"balam, qalaysïŋ, densawlïğïŋ jaqsï ma?"（孩子，身体好吗？）；"bawïrïm, awïl özgerisinen sïr šerte otïr!"（兄弟，说说阿吾勒的变化吧！）等。在正式场合中，把对方介绍给在场的人时，其人名后可以加职衔或职业来称呼。如"nurbol sekïratar"（努尔波力书记）、"aray doxtïr"（阿热依医生）、doktor raqïmjan sawït ulï（热克木江·萨吾提博士）等。

众所周知，每种职业都有其自身的称谓语，反过来，这些称谓语也成了某种身份、某种职位职业的标志。哈萨克语中都有一些身份类称谓语可以用来面称，而有些称谓语不能用来面称。那我们先弄清楚什么是面称语，什么是背称语。关于这一称谓语有不同的解释。具有自我描述功能的称谓语我们称之为面称语；而不具有这种功能，即被述者不是行为的直接参与者，不一定在行为的现场的称谓语，我们称之为背称语。[①] 人们对使用职业称谓语是有选择的，不能说每个职业都用于称谓，人们普遍认为得体的、令人尊敬的、社会地位较高的职业才可用于称谓。如在传统上，"sawdager"（商人）这一职业在哈萨克族看来是不受欢迎的职业，商人在哈萨克族的社会生活中的地位不算特别高，对做生意的人持轻蔑态度。哈萨克族有句谚语："sawdager ajarïn satadï, suramsaq nazaren satadï"（买卖人卖的是笑脸，乞讨者靠的是眼神），"sawdagerdiŋ köŋili ögizde emes öziŋde"（醉翁之意不在酒）等，故对商人在一般情况下背称用的较多，而很少用于面称。同样，哈萨克语中"qoyšï"（牧羊人）、"jaldanïwšï"（被雇佣者）、"etikšï"（鞋匠）、"arbakeš"（车夫）、"temiršï"（铁匠）等职业带有一种轻视意义，一般用于背称，这些称谓语尽管表明了称谓对象的身份，但不适于当面使用。旧社会遗留下来的行业的偏见轻视并未完全根除，所以对从事此种行业的人这样称呼是不礼貌的。

　　哈萨克语中上述的身份类称谓语本身不能用来面称，但

---

① 李明洁：《现代汉语称谓系统的分类标准与功能分析》，载《华东师范大学学报》，1997（5）。

后加（拟）亲属称谓语，泛称后可以面称。如，"küzetši ağay"（警卫大叔）、"malšï ağay"（牧人大叔）、"arbakeš ağay"（车夫大叔）等。这些传统上都属于社会地位较低的职业，称呼时不能用来面称，而是在后面加了亲属称谓语和泛称，则提高了敬语度。

在选择称谓语时，一定要适切，所谓"适切"有两方面的要求：一是要使称谓对象懂得所用称谓语的意思，这是"适切"最起码的要求；二是称谓语要符合称谓对象的身份。[①]

首先，我们要分清交际对象的身份，不适切地运用称谓语，会影响信息交流，阻碍交际的顺利进行。比如：哈萨克语中的"stiwdenït"（大学生）、"professor"（教授）、"prokïwratïwïra"（检察长）、"sïwdïya"（法官）等职业、职务称谓语来自外语，是个借词，由于文化水平低、知识面不太广等原因，有的人对这样的称谓语不太熟悉，不理解，这样将会对双方交流产生影响，给社会交际带来不少麻烦。因此，我们在选择称谓语时，要根据交际对象，该文雅就文雅，该通俗就通俗，但无论如何，不要用一些生僻费解的称谓语。

其次，一个人可能有多种多样称谓语，我们把个人所具有的全部称谓语的总和叫做潜在称谓语。潜在称谓语的数量与个人的社会活动和社会兼职成正比。[②]所以我们在称呼别人时，就应根据不同的对象、不同的身份做到恰如其分。对老年的牧人称"atay"（老爷）、"aqsaqal"（老人）、"qarït"（老

---

① 马宏基、常庆丰：《称谓语》，16—17 页，北京，新华出版社，1998。
② 马宏基、常庆丰：《称谓语》，17 页，北京，新华出版社，1998。

人）、"ülken kisi"（大人）、"kärya"（老人）等；对知识分子或干部称"ağay"（叔叔）、"apay"（阿姨）、"mïrza"（先生）、"xanïm"（夫人）、"muğalim"（老师）、"kädir"（干部）等。哈萨克语中表示"职业""职衔"称谓语的数量很多的，有关"老师""领导"方面的称谓语有："baseke""qojake""ağartwši""bağban""oqïmïstï""qoğam tanwši""bilimdar"、"pedagok""qayratker""sayasat tanwši""ğïlïm qayratkeri"等。反之，如果对牧人称"mïrza"（先生）会使其感到别扭，对老师称"bastïq"（领导）也会使其不自在。一种语言中的称谓语在特定的语言环境中才会起作用，如果离开了一定的语言环境，称谓对象的身份就不好确定。如：在医院里，病人把护士称呼为医生等；老师是学校里的通用称谓语，我们在学校里不好确定哪一位是领导、哪一位是老师，这时只好"以貌取人"，以老师来通称。学生把学校里所有的工作人员以老师来称呼也更为贴切。

总之，哈萨克族身份类称谓语更多地凸显的是尊敬、礼貌的色彩。"oqïwši-oqïtïwši"（师生）这一职业称谓语的顺序中明显看出来哈萨克语与其他语言之间表现出来的文化差异，从以上例子可以看出，哈萨克语只不过是不强调称谓对象特殊地位而已。语言与文化不是封闭的，而是开放的，不同国家、不同民族在文化上虽存在很大差异，但彼此之间可以相互沟通的。随着社会快速发展，多元化与其他许多因素对哈萨克族传统文化带来了巨大冲击和影响。中国社会的快速发展以及价值多元化对哈萨克族传统文化也带来了冲击和挑战。哈萨克族正走上从文化适应到文化融合的繁荣。这种新的价值观念与意识在现代哈萨克语的社会称谓语中能够明显地反映出来。现代社会中称呼有地位的人时，其姓名的首字母后冠以职衔、官职等身份来称呼的情况也多有出现，如：哈那提书记称呼为"哈书记"，马拉尔泰老师称呼为"马老师"等。还如：某乡的书记的名字叫哈那提，是哈萨克族，好多人不知道他全名是叫什么，平时人们把他称呼为哈书记，有一次，他给一个牧民打电话，给对方介绍说自己的名字叫哈那提，但是，牧民反复说不认识哈那提这个人，最后那位领导说哈那提就是哈书记，牧民立刻明白了，这就说明现代哈萨克人的意识思想与观念上的巨大的变化，也明显反映了哈萨克语称谓词语的内容与形式上的变化。

第五节　哈萨克语人称指代类称谓语

一、哈萨克语人称指代称谓语的定义与类别

人称指代称谓也就是我们经常所说的人称代词，即表示人的名称的代词叫做人称代词。在哈萨克语中代词有单数与复数之分。第一人称单数"men"（我）、复数"biz, bizder"（我们）；第二人称单数"sen, siz"（你、您）、复数"sender, sizder"（你们、您们）；第三人称单数"ol"（他、她）、复数

"olar"（他们、她们）等。人称代词是人们的日常生活与社会交际活动中不可缺少的语言组合，它能起到使交际双方语言更为方便、谈话内容更为准确的目的。许多语言专家没能把人称代词纳入到称谓语的范围内，在讨论称谓问题时并不涉及人称指代称谓语，都认为人称指代称谓语并不属于称谓语范畴，没必要在称谓中讨论它们。其实，人称代词除了具有指代功能外，还具有称谓功能，即具有双重功能。所以说人称代词是属于特殊的称谓范畴，人称代词与称谓语的关系是毋庸置疑的。本节主要从社会交际与人际交往这个角度出发，分别对哈萨克语人称代词的指称功能、社会称谓功能及人称指代称谓语的语用特点等进行分析，并加以说明。

二、第一人称代词以及其在交际中的功能

现代哈萨克语人称指代系统里最常见的第一人称代词"men"（我），它的复数形式为"biz, bizder"（我们），"biz, bizder"（我们）这一人称代词包括自己在内的若干人。"men"（我）是在哈萨克语里使用最多的人称指代通称，无论在哈萨克民间口头文学或书面文学作品与历史记载，还是日常语言交际中，"men"（我）的使用率较高，它不受任何场合的限制，无论在郑重场合，还是非正式场合，对什么人都可以自己称为"我"。现代哈萨克语的人称代词比较简单，但古代哈萨克语的人称代词相对比较复杂，古代哈萨克语中，反映旧社会面貌的人称代词为数不少，人称代词在哈萨克语发展的历史长河

中经历了较多的演变，人类社会的发展与人们思想和价值观念的更新，使得有些旧的人称代词消亡，新的人称代词出现，或对旧的称谓语赋予了新的含义。第一人称代词指说话人自己，因此，第一人称敬语代词通常空缺，要体现礼貌原则就会选择"贬低自己，抬高对方"的策略，也就是说，贬低自己来尊敬对方。在哈萨克语中，第一人称通称与谦称是不成对立的，哈萨克语中只有通称代词"men"（我），古代语中，除了"men"（我）以外，还有"bän"（我），其谦称使用其他人称形式。如：哈萨克语中，表示第一人称谦称的词语有"paqïrïŋïz"（小人，男子自谦之称）、"qorašïŋïz"（小人）、"pendeŋïz"（小人）"jamanïŋïz"（鄙人，男子自谦之称）、"jetesiz iniŋiz"（男子自谦之称）、"qarïbïŋïz"（在下）等。以上这些表示人称代词的词语在现代社会的语言交际中几乎消亡了，而有些表示人称代词谦称的词语现在虽仍然存在，但只见于书面语体。现在哈萨克语言交流中也能听到以下其他人称谦称形式的词语，如："özïm"（本人）、"özimiz"（我们）、"birew"（某人）、"oqïwšïŋïz"（您的学生）、"jaman iniŋiz"（您的愚笨小弟）、"bawïrïŋïz"（您的兄弟）、"qarïndasïŋïz"（您的妹妹）、"siŋiliŋiz"（您的妹妹）、"balaŋïz"（您的孩子）等。但与中性通称"我"相比，表示第一人称代词谦称形式的其他词语的使用上还是存在差异的，现代哈萨克语里这些表示第一人称谦称的词语和第一人称指代称谓"我"不再构成语用对立了。

在现代哈萨克语中第一人称代词"men"是通用的称谓语，它的使用范围很广泛，可以表达各种语气和感情，适合于任何交际场合，对任何人都可以使用。哈萨克语鲜明的语言特色是用第一人称复数"我们"来指称第一人称单数"我"，这也是典型的东方文化特色，中国人传统观念上从来都是提倡集体力量，反对个人英雄；主张谦虚谨慎，反对张扬自我。明明是自己的观点或见解，却偏偏说"bizdiŋ oyïmïzša, bizdiŋ pikirimizše…"（我们认为，我们的观点……）等，说话人想方设法把交际对象包括进去，以此来拉近双方的关系，避免过分突出自己。

在哈萨克语里表示第一人称指代称谓的谦称形式有时用于特殊的人际关系，表示称呼者与被称呼者之间的关系并不一般。如"oqïwšïŋïz"（您的学生），"šäkirtiŋiz"（您的徒弟）是后辈同尊长谈话时的谦称。语义相当于第一人称的"我"。一般情况下，这个后辈是读书人或知识分子。"jaman iniŋiz"（您的小弟）、"bawïrïŋïz"（您的兄弟）等人称代词是男子自谦之称，"jaman iniŋiz"（您的愚笨小弟）这个人称代词称谓语是谦称，一般晚辈男性称呼长辈男性时使用，并且用于关系亲密的少者与长者之间。"bawïrïŋïz"（您的兄弟）一般是晚辈称呼长辈（男性与女性均可）时使用。"qarïndasïŋïz"（您的妹妹）是晚辈女性对长辈男性使用的谦称，而"siŋiliŋiz"（您的妹妹）是晚辈女性对长辈女性使用的谦称。

三、第二人称代词以及其在交际中的功能

现代哈萨克语中使用率最高的第二人称指代称谓单数"sen, siz"（你、您）、复数"sender, sizder"（你们、您们）；"sen"（你）是第二人称指代称谓中最基本的、使用最多的称谓语，它与第一人称指代称谓"men"（我）一样使用范围较广泛，也可以表示各种语气与感情，主要是长辈对晚辈或同辈之间使用，在郑重场合或对长辈说话时要使用"您"，而不用"你"，这是一种礼貌客气的话，表示对长辈的尊敬，这更能显示出说话者的文化水平与道德修养。

汉藏语系绝大多数语言中第二人称代词敬称普遍不发达，只有藏语、白语等少数语言有敬称范畴。中国境内22种阿尔泰语系语言中，只有锡伯语、鄂温克语、维吾尔语、哈萨克语、柯尔克孜语、塔塔尔语、图瓦语等7中语言第二人称代词有敬称范畴。哈萨克语中第二人称代词通称与敬称有：单数"sen"（你）和"siz"（您）；复数有"sender"（你们）和"sizder"（您们）等。柯尔克孜语中第二人称代词通称和敬称有：单数"sen"（你）和"siz"（您）；复数有"senlär"（你们）和"sizlär"（您们）等。维吾尔语第二人称代词通称和敬称有：单数"sän"（你）和"siz"（您）；复数有"silär"（你们）和"sizlär"（您们）等；塔塔尔语人称代词通称与敬称有：单数"sen"（你）和"siz"（您）；复数有"senlär"（你们）和"sizlär"（您们）等。一般第一人称、第二人称的通称和敬称

与单复数对称，处于双向蕴含关系，而且成员数量也对称。哈萨克语的第二人称代词的敬称使用率较高，也是哈萨克语第二人称指代称谓语中使用较频繁的代词。

在现代哈萨克语中，第二人称指代称谓使用率比较频繁，而且在称呼后要加上第二人称代词，不然语气就不自然，听起来会产生误会。如，"Seke, sen bul jöninde ne pikir bildiresïŋ?"（老赛，你对这件事有什么意见？）。在哈萨克语中，除了第二人称指代称谓"sen, siz"（你、您）以外，还有一些表示第二人称指代的其他词语，有些旧的称谓语被赋予了新的含义。哈萨克语里表示第二人称代词的敬称词语有"köpšilik"（大家）、"jamaǧat"（众人、群众）、"taqsïr"（阁下）、"märtebelïm"（阁下）、"qurmettïm"（阁下）、"taqsïr"（阁下）、"aldyar"（阁下）、"ärbirew"（各位）、"ärkim"（每位）、"begzat"（公子）、"mïrzalar"（诸位）、"qalayïq"（大家）、"qadïrlïm"（足下）等。以上提到的这些第二人称代词称谓语基本上是敬称，但大部分人称指代敬称词语已经消亡，而有些人称指代词语失去了原来的意义，被赋予了新的含义，如："taqsir""aldyar"（阁下）这一人称词语是旧时对可汗、巴依等有社会地位的人的尊称，但现在哈萨克语里有讽刺之意，其意类似于敬称，但重点在讽刺和挖苦上。如：Taqsïr, ayïtqanïŋïdï aynitpay orïndayïn!"（阁下，我会按你所说的去做的）；"Taqsïr, šalqalap jata beriŋïz, men barïp tamaq jasayïn!"（阁下，您就放心躺着吧！我去做饭！）等。这些话中我们不难发现，人称代词"阁下"表面上看似是对别人的尊称，其实是讽刺用法，重点在挖苦或讽刺某人。

四、第三人称代词及其在交际中的功能

哈萨克语人称指代称谓系统中第三人称代词主要有单数
"ol"（他、她）、复数 "olar"（他们、她们）等。第三人称单
数 "ol"（他、她）、复数 "olar"（他们、她们）是最基本的、
最常用的、使用频率最高的称谓词，哈萨克语中第三人称代词
的说法与写法上没有区别，"ol"（他、他）与 "olar"（他们、
她们）男性与女性都可指代，到底指代的是男性还是女性、只
能依据说话人的语气或说话内容的上下文来判断。而汉语或英
语中的第三人称指代称谓词的说法或写法上有明显的不同之
处，与哈萨克语的第三人称代词的称呼上是有区别的，如：英
语中 "he"（他）指代男性，"she"（她）指代女性，而汉语
写法中的 "他" 指代男性，"她" 指代女性。

在哈萨克语中，第三人称 "ol"（他、他）是通称，没有
谦称和敬称形式，这一人称指代称谓语一般不表达尊敬，在一
些郑重的场合或谈话中需要提到尊重或长辈人时，哈萨克语中
一般不能直接使用 "ol"（他、他），而使用 "o kisi"（那个
人）、"älgï kisi"（那位）、"ülken kisi"（年长的）、"käriya"（老
人）等词语来表达。对他人用客套的称谓来称呼，显得礼貌，
以示尊重。

第六节　哈萨克语情感类称谓语

一、哈萨克语的爱称

哈萨克族有着悠久的游牧文化，随着时代的发展与人们生活水平的不断提高，有些风俗习惯逐渐被遗弃，而有些风俗习惯应新时代的要求，以新的面貌来满足人们日益增长的新需求。英国有一个谚语"用另一种名字来称呼玫瑰，玫瑰还是香的"，是说一件事物尽管有各种不同的名称，但其实质是一样的。①从客体来说也有可能是正确的，但对主体来讲，情况则不同。人们对待人或事物的感情倾向与主观评价不尽相同，那么这些词语自然而然地就具有了感情色彩。感情色彩不仅反映出说话者的主观看法，而且同样影响着对方的思想感情。称谓语的指称对象是人，其感情色彩更强烈，更能体现出人的特征，所以说称谓语比其他词语具有更特殊的地方。

（一）哈萨克语爱称的分类

"爱称"是表示亲昵或喜欢的称呼，是人与人之间的相互体谅与和睦相处的标志，它是哈萨克族代代相传的传统美德，它能反映哈萨克族尊重长辈，喜爱晚辈的人格心理特征，折射

---

① 马宏基、常庆丰：《称谓语》，116页，北京，新华出版社，1998。

出哈萨克族古老的风俗习惯与历史文化。

哈萨克语的爱称根据使用情况、性质、程度、风俗习惯等方面的不同分为：爱称、昵称、书面语的爱称、陈旧的爱称、词义转义的爱称、词义扩大的爱称等。

1. 爱称、昵称

哈萨克族是一个善良的、喜爱家人与孩子的民族。哈萨克族对爱人与孩子的喜爱从语言中就能体现出来。哈萨克语中表示喜爱的感情色彩词语的内容丰富多彩，从自然界到现实生活中的各种事物与现象都能成为爱称的主观对象，如：自然界的动植物、飞禽走兽、金属、生活用品与各种自然现象等都能列为爱称语的对象，爱称称谓语是人的主观思想与客观属性的有机结合，与哈萨克族所生存的自然环境有着亲密的关系。爱称一般在关系比较亲密的人之间使用，表示人与人的亲密关系，更适用于非正式场合。如：丈夫称妻子为"janïm"（我的生命）、"süyiktim"（亲爱的）、"jarïm"（我的爱人）、"gülim"（我的花儿）、"perištem"（我的天使）、"gawharïm"（我的瑰宝）、"künim"（我的太阳）、"janarïm"（我的眼神）等。妻子称丈夫为"otaǧasï"（家长、户主）、"arïsïm"（我的男子汉）、"tiregim"（我的支柱）、"azamatïm"（我的小伙子）、"ayawlïm"（亲爱的）、"sarbazïm"（我的骑士）等。

爱称称谓语之间，其喜爱的程度也是有差别的，如果喜爱的程度更强烈，就成了昵称。如："jarïm"（我的爱人）→"gülim"（我的花儿）→"perištem"（我的天使）→"janarïm"（我的眼神）→"janïm"（我的生命）等称谓语的喜爱程度是从弱到强、从低到高的级别发展的，到"janïm"（我的生命）称谓语后称谓对象被变成了称呼者生命的不可分割的一部分，离开了他，他就将到达失去生命的界限。

昵称不仅在长辈对小辈时使用，而且小辈对长辈也可以使用。如，"apatay"（好奶奶）、"ağatay"（好哥哥）、"jeŋetay"（好嫂子）、"šešetay"（好妈妈）等。

2. 书面语的爱称

哈萨克语中的一部分爱称只出现在书面语中，而口语中很少使用。如："šïbïnïm"［我的苍蝇（生命）］、"köz monšağïm"（我的眼串珠）、"köz nurïm"（我的眼光）、"tïnïsïm"（我的呼吸）、"qïzğaldağïm"（我的郁金香）、"jawqazïnïm"（我的光慈姑）、"jarïğïm"［我的光亮（宝贝儿）］等。这些称谓是对小孩儿的昵称，主要用在书面语中，它们可以使语言生动活泼，能加强语言的感染力与吸引力。"-Oy, šïbïnïm dep sïbïr etïp zaldan šïğïp ketti"［他低语说完：哎，我的苍蝇（生命）就从走廊出来了］。"Üyge bara ber jarïğïm dedi"（你先回家吧，我的光明）等。

哈萨克语的"bala"（孩子）称谓语是通称，也是长辈对晚辈用的尊称，如果有必要区分性别的话，"bala"（孩子）前面加"ul"（男）、"qïz"（女）等修饰语。如，"ul bala"（男孩儿）、"qïz bala"（女孩儿）等。"bala"（孩子）一词在哈萨克语书面语中有不同的说法，如，"jas öspirim"（青少年）、"ulan"（青年）、"ürïm-butaq"（子孙后代、后裔）、"boyjetken"（未婚姑娘）、"biyke"（少女、姑娘）、"bozbala"（未婚青年男子）、"balğïn"（幼小的、年轻的）、"arïw"（少女）、"jetkinšek"（少年）等。

3. 陈旧的爱称

随着时代的发展与人们社会生活的变化，有些称谓逐渐被遗弃，现代哈萨克语中有些爱称很少用，被称为陈旧的爱称。如："bozdaq"（青年小伙子）、"mazǧum"（毛拉的孩子）、"tälpiš"（娇气的、娇惯的）等。

4. 词义转义的爱称

哈萨克语中某些词义的转义是丰富与发展称谓语的另一种途径，哈萨克语中以这种形式形成的爱称也不少。如："balapan"有以下意义：①雏、雏鸟②宝贝、乖乖（对孩子的昵称）③幼小的；"sotqar"原意是"淘气的""调皮的"，但在哈萨克语中，有时"用来表示长辈对小孩儿的爱称"，如："meniŋ sotqarïm sol"（他就是我的调皮蛋）；"qulïn"是"小马驹"之意，但在哈萨克语中被用于长辈对晚辈的爱称，如："meniŋ qulïnïm"（我的马驹，对小孩儿的昵称）等。除此之外，哈萨克语中"tuyaq""tuqïm""qïyïq""tay"等词语都有"后代、子孙儿女"之意。

5. 词义扩大的爱称

哈萨克语中某些词语除了本义以外，还有扩大的词义。"äke"一词原意是"爸爸"，后来词义逐渐被扩大就成了表示喜爱的爱称。如："Äke maǧan aqša beriŋizši"（爸爸，请您给我钱吧），这里是词的原意；而"Äkem meniŋ sol"（我的宝贝就是他），"Mïnanï oqïp beresiŋ be, äkem?"（好孩子，能给我读一下这个吗？），这里的"äke"表示亲昵。"köke"是孩子对父亲的昵称，如："Köke, mağan parša-purat aqša beriŋizši!"（老爸，给我点零花钱吧!）；有时被用于父母或长辈对孩子的昵称，"Kökem, meniŋ qamšïmdï tawïp bere salši!"（我的宝贝孩子，把我的马鞭子给我找出来!）等。

（二）哈萨克语爱称的内容与对象特点

哈萨克语爱称的内容非常丰富，爱称对象也是各种各样的。通过具体分析我们可以发现哈萨克族爱称内容与对象有以下特点：

它与哈萨克族畜牧业有关，充分反映出哈萨克族的游牧社会生活。如："qulïnïm"（我的马驹）、"qozïm"（我的羊羔）、"lağïm"（我的小山羊）、"botam"（我的小骆驼）、"buzawïm"（我的牛犊）、"tayïm"（我的二岁小马）、"qulïnšağïm"（我的小马驹）等。

它与山上天然植物、花卉、飞禽走兽等自然事物有关。如："qïzğaldağïm"（我的郁金香）、"qaraqatïm"（我的黑加仑）、"jawqazïnïm"（我的光慈姑）、"qarğaldağïm"（我的雪莲）、"tuyğïnïm"（我的鸽鹰）、"lašïnïm"（我的游隼）、"qundïzïm"（我的水獭）、"qoyanïm"（我的兔子）、"köjegim"（我的小兔子）、"qïrğïyïm"（我的松雀鹰）、"aqqïwïm"（我的天鹅）等。

它与日、月、星辰等自然现象有关。如："künim"（我的太阳）、"ayïm"（我的月亮）、"juldïzïm"（我的星星）、"jarïğïm"（我的光）、"šolpanïm"（我的金星）、"nurïm"（我

的光明）等。

　　它与金属、珠宝等特殊或稀有奇珍异宝有关。如："altïnïm"（我的金子）、"kümisim"（我的银子）、"gäwharïm"（我的宝石）、"asïlïm"（我的珠宝、瑰宝）、"jaqutïm"（我的蓝宝石）、"jawhar"（宝石）、"monšağïm"（我的串珠）等。

　　它与食物有关。如："šekerim"（我的砂糖）、"tättim"（我的糖）、"balïm"（我的蜂蜜）等。

　　它与哈萨克族的宗教信仰有关。如："quday bere salğanïm"（胡大给的）、"täŋir bere salğanïm"（腾格里给的）、" alla bere salğanïm"（安拉给的），" aynalayïn"（与祆教有关的亲昵语）、"šïbïnïm"（我的命）、"janïm"（我的生命）等。

　　它与人的某种形貌特征有关。如：" qara közim"（我的黑眼睛）、" janarïm"（我的眼神）、" qarašïğïm"（我的眼珠）、"maobasïm"（我的头）等。

（三）哈萨克语中对晚辈人名的爱称

　　哈萨克语中长辈对晚辈的爱称除了以上的亲昵称谓之外，还有人名的爱称。一般哈萨克族婴儿都会有大名和小名。大名对外使用，小名一般在家里使用，如果小名比大名亲昵一些，称呼的人多，大名就不再使用了。如：哈萨克族著名诗人阿拜的原名是" ybïrahïyïm"（依布拉黑木），是阿拉伯语，阿拜的奶奶觉得这个名字说起来不顺口，就用"阿拜"来称呼他，原名逐渐被遗弃，新名代替了原名。哈萨克族的著名英雄哈班拜的原名是" erasïl"（叶尔阿斯勒），因为他身体强壮，

非常勇猛，力气大，打死过野猪等野生动物，被人们称呼为
"qabanbay"（"哈班"是哈萨克语野猪之意），这样哈班拜就
成了他的名字。哈萨克族称呼阿拉伯语人名时不太适应，就使
用另外的哈萨克语人名称呼，或者使用阿拉伯语人名时会有语
音变化，如："šayxïytdïyn"（沙依黑提丁）说成"šošay"（硕
沙依）、"muxammet"（穆罕默德）说成"maxmut"（马合木
提）、"xusseyïn"（胡斯萨因）说成"qusayïn"（胡萨因）等。

　　给孩子起多种名字的习俗在许多民族语言中普遍出现，
其中一个名字是大名，剩下的名字是对孩子名字的爱称，"在
雅库特人中，尤其是在家庭中为了避免孩子连续夭折，给孩
子起两个名字，一个名字是对外称呼，另一个名字是对内称
呼"。也就是说对内外称呼的婴儿名一方面是与人名神力信仰
有关，另一方面是对孩子的喜爱，这种称呼显得比较亲昵一
些。

　　哈萨克语爱称还有令人瞩目的一点是长辈对无亲属关系
的小辈的爱称都使用拟亲属称谓语来称呼，如：使用"balam"
（我的孩子）、"qïzïm"（我的女孩儿）、"ulïm"（我的男孩
儿）来称呼，除此之外，人名后加"-tay""-jan""-š""-ïm"
等词缀来称呼，这些词缀使词语的喜爱程度与喜爱色彩更加
强烈。如："Säwletay, tura turšï！"（萨乌烈塔依，你等一
下！"säwle"人名后加"tay"词缀），"tay"是小马驹之意，
引申为如小马驹般活泼可爱的；"Qanatjan, tamağïŋdï ištiŋ
be?"（哈那提江，吃饭了没有？"qanat"人名后加"jan"词
缀），这里的"jan"是生命之意，引申为珍贵如命、宝贝等；

"Jäynaš，qalamïŋdï bere tur šï！"（加依娜什，把你的笔给我借一下！jäyna 人名后加 š 词缀），"-š" 加在人名后表示亲昵；"Qulïnïm，qïranïm，qaydasïŋ?"（我的小马驹，柯浪，你在哪儿?），"-ïm" 加在人名后表示亲昵。

有时，哈萨克族长者对青少年的爱称是根据其职业称呼的，这种称谓语显得更亲昵一些。如："qoyšï bala"（放羊的孩子）、"sestïra qïz"（护士女孩儿）、"buğaltïr qïz"（会计女孩儿）、"jïlqïšï bala"（放马的孩子）、"doxtïr jigit"（大夫小伙子）、"muğalïm qïz"（老师姑娘）等。

二、哈萨克语的敬称与谦称

哈萨克语中有不少的敬称与谦称，但这两种有明显的感情色彩，虽然感情色彩截然不同，但出发点是一致的，都是为交际目的而服务的。表示尊敬感情色彩的称谓语是敬称，表示谦卑感情色彩的称谓语是谦称，两者的目的是一致的，都出于礼貌的需要。尊老爱幼、孝敬父母是哈萨克族自古以来形成的社会礼貌规则，也是代代相传的风俗习惯与道德规范，这种习惯不仅在语言中表现，而且在社会生活与文化中凸显。如："Öz ağasïn ağalay almağan kisi ağasïn jağalay almaydï"（不尊敬自己长辈的人，不可能尊敬别人的长辈）、"Siz degen kišilik emes, kisilik"（说您不是贬低自己，而是人性）、"Öz özin sylasa jat janïnan tüŋiler"（自爱之人，人皆爱之）、"Ağanï körip ini öser, apanï körip siŋili öser"（弟弟学着哥哥的举止成长，妹妹看着姐姐的样子长大）等谚语充分体现了哈萨克族的真实面貌与礼貌规则，这个与哈萨克族的现实生活与世界观念息息相关。

（一）哈萨克语敬称

在亲属关系中常用于晚辈对长辈，或同辈间年龄小的对年龄大的，有时适用于同辈之间互相称呼。在社会关系中常用于下级对上级或平级之间相称呼。由于社会职务、身份、地位等不同，敬称的感情色彩也会有所不同。选择最适合的敬称语能保证话语交流的继续进行与完成，以达到想要的交际目的。

1.哈萨克语敬称的构成及其特点

敬称语属于道德范畴，哈萨克族有尊老爱幼的传统美德，这种美德在社交关系中更加能凸显出来，每位社会公民，都得尊重长辈，长辈面前不抬高自己的社会地位，绝不贬低对方。纵观哈萨克历史，我们可以发现，哈萨克族是由部落组成的社会单位，"aqsaqal"（老人，长者）在阿吾勒（乡村）中的资历老，经验丰富，哈萨克族一般服从"aqsaqal"老人的指挥与安排，这种社会习俗已经成为哈萨克族不可破坏的社会规范与道德规则。有句哈萨克谚语说得好："Aqïldï käryä ağïp jatqan därya"（聪明的老人像流之不尽的江河）。再者，哈萨克族历史上过着较为松散的社会生活，不像其他定居民族那样受限制，一般情况下，以道德来衡量人的行为，是每个人必须遵守的道德规范，否则是不道德的、不礼貌的。小辈在长辈面前不能随便说话，不能打断长辈的话语，而且小辈对长辈说话时，必须要说"siz"（您），否则长辈会认为这个人没有教养，是有失于礼的。正如哈萨克有个谚语："Siz-biz degen jïlï söz, ağayïnğa jağar"（"您"是尊敬之言，朋友之间不可少）。

哈萨克语中的敬称主要有："aqsaqal"（长者、老人）、"kärya"（老人家、长者）、"qarït"（老人）、"äjey"（奶奶）、"atay"（爷爷）、"köke"（对男人的尊称）、"täte"（母亲、大娘）、"ağay"（哥哥、叔叔）、"ağasï"（哥哥）、"apajan"（对老大娘的尊称）、"apa"（老大娘、老大妈）、"appay"（大姐、老大姐）、"ağake"（好哥哥）、"otağasï"（家长）、"otanasï"（对家庭主妇的尊称）、"jeŋgey"（对嫂子的尊称）等。以上称谓一方面表示亲属关系，另一方面用于非亲属关系的人，表示对交际对象的尊敬、敬重等。

现代哈萨克语中，还有"mïrza"（先生）、"xanïm"（夫人）、"biykeš"（小姐）、"ustaz"（师傅）、"muğalïm"（老师）、"doxtïr"（医生）等敬称。一般称呼时，使用姓名+拟亲属敬称，或使用姓名+职业敬称等。如："jasar ağay"（加萨尔叔叔）、"märziya jeŋgey"（马尔孜亚嫂子）"nurlan mïrza"（努尔兰先生）、"aygül xanïm"（阿依古丽女士）、"anar bykeš"（阿娜尔小姐）、"qanat ustaz"（哈那提师傅）、"serik muğalïm"（赛力克老师）、"murat doxtïr"（木拉提大夫）、"janar sestïra"（加娜尔护士）等。

哈萨克族是历史上以牧业为主的游牧民族，哈萨克族的敬称基本上是根据哈萨克族社会的风俗习惯、宗教信仰、特定职业来称呼的。哈萨克族的年幼者称呼年长者时，不直呼其名，而以其职业来称呼。如："qoyšï ata"（放羊的爷爷）、"jïlqïšï ata"（放马的爷爷）、"aqïn ağa"（阿肯叔叔）、"ağaššï ağa"（木匠叔叔）等。小孩子与儿媳妇称呼女人时，以她们的外貌长相、性格特征来称呼。如，"ayïw apa"（熊老大娘）、"jaqsï apa"（好老大娘）、"may apa"（胖子老大娘）、"ašïwšaŋ apa"（脾气大的老大娘）等。如果是在部落里有威望的女人，就称呼为"aq apa"（德高望重的老大娘）等。

2. 哈萨克语人名敬称及其特点

哈萨克族中，无论亲属或者非亲属，禁止小辈与女人直呼长辈名字，需要称呼时，除了以上提到的称呼方式之外，还要采取其他的方式来称呼。人名后加附加成分表示对被称呼者的尊重，进而缩小双方之间的心理距离，拉近双方的亲密关系。根据哈萨克族的敬称习惯，对人名后加附加成分方式进行详细的分析。

人名敬称是称呼者对被称呼者的尊敬，主要是对长辈或同辈之间的敬称，这种称呼形式不会影响被称呼者的名字，反而加强对称呼对象的感情色彩，使有些复杂的人名简单化，给双方的社会关系与交往创造更方便的条件与环境。

哈萨克语常常按照一定的规则保持在发音部位或清浊上的一致关系，这种关系叫做语音的和谐。① 哈萨克语的所有单词或较早的借词及其附加成分中的元音与有些辅音，按照词的首元音的性质产生一种语音和谐现象。所以人名后的附加成分

---

① 格拉吉丁·欧斯满：《简明哈萨克语语法》，23页，北京，民族出版社，1982。

基本上遵守着语音的和谐规则。

（1）人名后的"-qa"附加成分

人名的第一音节＋"-qa"可以构成称呼第二方的尊称，如："muqa"（muqatr"穆合塔尔"）、"saqa"（sadïq"萨德克"）等。有些人名的第一个音节元音时，后面可以直接加"-qa"附加成分的，而辅音结尾的人名后的辅音要省略，然后可以加"-qa"附加成分。人名的第一音节＋"-qa"可以构成称呼第二方的面称，"-qa"附加成分后加第二人称领属简体"-ŋ"也可以构成称呼第三方的背称。如："qaqaŋ""老哈"（指的是第三方，qalmurat"哈力木拉提"）、"taqaŋ""老塔"（指的是第三方，talğat"塔力哈提"）等。

"muqtar šaqan，muqtar，muqa"（穆合塔尔·夏汗）虽是一个人的名字，因交际场合不同，而有不同的使用方法，"muqtar šaqan"是在正式的交际场合中所使用的，"muqtar"是在非正式的交际场合中使用的，"muqa"是在关系较亲密的、熟悉的人当中所使用的。

我们通过具体的例子来分析以下哈萨克语人名后加的"-qa"附加成分的基本情况。

表2-3　人名第一音节直接加"–qa"附加成分或人名后的
辅音省略后加"–qa"附加成分

人名第一音节直接加"-qa"附加成分		人名后的辅音省略后加"-qa"附加成分	
sağat	saqa	qasïmjan	qaqa

人名第一音节直接加 "-qa" 附加成分		人名后的辅音省略后加 "-qa" 附加成分	
qanat	qaqa	qurmetjan	quqa
bazan	baqa	bazaräli	baqa
sanat	saqa	jaqsïlïq	jaqa
jasar	jaqa	jarmuqammet	jaqa
satar	saqa	qabïlbek	qaqa
qalïy	qaqa	baqïtbek	baqa
aqan	aqa	muqtar	muqa

以上人名后加附加成分构成人名第二方尊称的情况一般对长辈或同辈适用，有时，长辈对小辈敬称时也加 "-qa" 附加成分。如："al toqa torlet, jumïsïŋda ilgerlewšilik barma dedi murat"〔木拉提说：小托（toqtasïn），往上坐吧！你的事情有进展吗？〕等。

（2）人名后的 "-ke" 附加成分

人名的第一音节 + "-ke" 可以构成称呼第二方的尊称，如：Jäke "老贾"（Jänibek "贾尼别克"）。有时，"-ke" 附加成分不遵守语音和谐规律，其适用范围比 "-qa" 附加成分要更多一些，尊称色彩较浓一些。如：nüke "老木"（nurbol "努尔波力"）、jäke "老加"（jänetqan "加那提汗"）、jäke "老江"（jandos "江多斯"）等。

表 2-4 人名第一音节直接加 "-ke" 附加成分或人名后的
辅音省略后加 "-ke" 附加成分

人名第一音节直接加 "-ke" 附加成分		人名后的辅音省略后加 "-ke" 附加成分	
säken	säke	tursïnqazï	tüke
jaras	jäke	tursïnäli	tüke
sälim	säke	serikjan	seke
janar	jäke	ömirjan	ömike
mäken	mäke	säydinur	säke
nur	nüke	tälipjan	täke
manap	mäke	serikbay	seke
sanat	säke	šäymardan	šäke
serik	seke	mätqabïl	mäke

有些人名的第二音节辅音结尾时，辅音省略后加 "-ke" 附加成分。如："döneke"（"老多" dönenbay）、"mïrzake"（"老米" mïrzabay）、"qaleke"（"老哈" qalel）、"ümike"（"老乌" ümitjan）、"beke"（"老别" bekejan）等。

（3）人名后的 "-eke" 附加成分

人名的第一个音节是单元音时，"-eke" 附加成分与第二音节的首辅音合并，而与辅音结尾的音节后可以直接连接 "-eke" 附加成分。

表 2-5　直接加"-eke"附加成分或第二音节的
首辅音后加"-eke"附加成分

直接加"-eke"附加成分		第二音节的首辅音后加"-eke"附加成分	
erkin	ereke	bojban	bojeke
serper	sereke	qasïmqan	qaseke
nurdanbek	nureke	asïlqan	aseke
erden	ereke	säbytjan	säbeke
ymanäli	ymeke	qalïmqan	qaleke
nurbolat	nureke	bylibay	byeke
nurman	nureke	isenbek	iseke
qarjaw	qareke	älimbay	äleke

　　第一音节以辅音结尾的人名后加第二音节的第一个辅音，然后加"-eke"附加成分。如：qayïreke"老哈"（qayïranbek"哈依兰别克"）、solteke"老苏"（sultanbek"苏力坦别克"）、beyseke"老拜"（beysemqan"拜斯木汗"）等。

　　人名后直接+"-eke"可以构成称呼第二方的面称，"-eke"附加成分后加第二人称领属简体"-ŋ"也可以构成称呼第三方的背称。

表 2-6　第二方的面称附加成分或第三方的背称附加成分

哈萨克人名	第二方的面称附加成分	第三方的背称附加成分	尊称
qanay	+eke	+ŋ	qanekeŋ

哈萨克人名	第二方的面称附加成分	第三方的背称附加成分	尊称
qurmanbek	+eke	+ŋ	qurekeŋ
älimnur	+eke	+ŋ	älekeŋ
nursultan	+eke	+ŋ	nurekeŋ

（4）人名后加"-qa/-ke/-eke"等附加成分的缀接特点与应用

第一音节元音或辅音结尾的有些人名的辅音省略后不能直接加"-qa"附加成分，否则成不敬称，或会产生其他意义，或听起来不太悦耳等。这种情况下，我们不能按照语法规则来加附加成分，这时我们要采取与人名相适应的其他措施来处理。如，"bulantay"不能简称"buqa"，而说成"büke"（"buqa"是哈萨克语"公牛"之意），"sultsnqan"不能简称"soqa"，而说成"söke"（"soqa"是哈萨克语"土犁"之意），"temïrqan"不能简称"teke"，而说成"täke"（"teke"是哈萨克语公山羊之意）等。

年龄小，但职衔较高的晚辈称呼长辈时也会使用。如："Äleke, mal - janïŋïz aman ba dedi serik bastïq"［赛力克首长说：老阿（阿力木汗）家人都好吗，牲畜平安吗？］

总之，-qa/ -ke/-eke 的缀接规律及功能还有待进一步细化、精确化，同一人名缀接不同附加成分的可能性与功能需通过比较来说明。

3. 人名后加的"-qa/-ke/-eke"等附加成分与哈萨克语中的"ağa"（哥哥、叔叔）一词的关系

人名后加"-qa/-ke/-eke"等附加成分可以表示对称谓对象的尊敬，它与哈萨克语中的"ağa"（哥哥、叔叔、兄长）有着密切的关系。为了证明这一观点，首先我们对哈萨克语中的"ağa"一词做以下深刻的分析与探讨。现代哈萨克语"ağa"一词既可称父辈，也可称兄长。"ağa"一词是在许多突厥语方言民族语言中常用的古词，它有3种语音变体：在柯尔克孜、塔塔尔、吐库曼、阿塞拜疆、尕尕乌兹等民族的语言中被称为"aga"；在哈萨克、土耳其、巴什库尔特、哈卡斯、雅库特等民族的语言中被称为"ağa"；乌孜别克、维吾尔等民族的语言中被称为"aka"等。① 在鄂尔浑叶—尼塞碑文与麻赫穆德·喀什噶里的《突厥语大词典》中记载为"aqa"，在西哈萨克斯坦的哈萨克族仍然使用"aqa"一词。在阿尔泰语系中的语言形式是："agha（a）""aka（a）""aqa（a）"，其中鼻尾是不稳定的。如：蒙古语"akan""axan""ax"，满语"age"等。

"ağa"一词至今有过不同的语音变体，如："ağa""aga""aka""aqa""akan""axan""ax""age"等。"ağa"一词最初指的是对男性亲戚的称呼，后来在不同的语言里另有了附加的意义。如：哈萨克族、维吾尔族、柯尔克孜族、塔塔尔族、乌孜别克族等民族的语言里，"aga/ağa"表示"年长的亲戚或兄长"；喀拉哈勒帕克、哈卡斯、舒尔（šor）语言中，"aga/ağa/akka"

---

① I.Keŋesbayev qatarlïlar qurastïrğan: qazaq tiliniŋ qïsqaša etïymologïyalïq sözdigi, beyjïyïŋ: ulïttar baspasï, 1987.

表示"爷爷"；楚瓦什和雅库特语言中，"agay/akka/agas"表示"老大娘"；土耳其和阿塞拜疆语言中，"aga/ağa"表示mïrza"先生"。

通过比较可以发现，"ağa"一词从古至今有过不同的语音变体，这种语音变体是经常的，也是正常的。而哈萨克语中的表示人名敬称的"-qa/-ke/-eke"等附加成分自然而然地与"ağa"一词有着密切的关系。

人名敬称的"-qa/-ke/-eke"等附加成分很有可能来自于"ağa"一词或其语音变体。如:"ağa""aga""aka""aqa""akan""axan""ax""age"等语音变体中的首音节保持不变，但第二个音节开始有了 ka、ğa、ga、qa、kan、xan、ge 等语音变化，而且这些语音变体与人名敬称的"-qa/-ke/-eke"等附加成分有着十分密切的内在关系。

无论人名敬称的"-qa/-ke/-eke"等附加成分，还是"ağa"一词都是用于尊称，对被称呼者的尊敬，其尊敬色彩较浓重，"ağa"（哥哥、叔叔、兄长）一般用于比自己年龄大的男性长辈，人名敬称的"-qa/-ke/-eke"等附加成分主要是长辈对长辈或同辈之间的敬称，有时也用于晚辈对长辈的称呼。在哈萨克语中，它们都用于男性，很少用于女性。

从语言的经济性原则来看，把"ağa"简称为"-qa/-ke/-eke"等语言形式是符合少量的语言形式来表示多量的意义的，正符合语言的经济原则。人的生理与精神上的惰性要求语言的经济性，即我们所说的语言的经济性原则，人们在谈话时，为了尽量节省力量的消耗和减轻记忆的负担，能少说就少说，能节省力量就节省，因此，在每种语言中形成了各种各样的简略词语。

语言的经济性原则（Principle of Economy）是由法国语言学家马丁内（Martinet）在其著作《普通语言学纲要》中提出的，它是语言学的一个重要特征。我们认为语言的经济原则是指语言系统本身以及语言运用过程当中数量与效果二者的最佳结合。具体是说在效果不变的情况下，尽可能减少数量；在数量既定的情况下，尽量扩大效果；或者是数量减少而效果扩大的。凡是符合上述三种情况之一者，我们都认为是符合语言的经济性原则的，是语言经济性的体现。语言的经济性原则始终贯穿于语言的各个层次和语言发展的各个阶段，是语言发展的一个重要的因素。经济性也因此被认为是语言普遍性的一个重要方面。这里所谓的"数量"是指词语或者句子的长度，也就是词的数量的多少，这个跟时间是紧密联系的，因为数量越少，写出来或者说出来所需要的时间就越少，消耗的体力就越少。所以在其他条件既定的情况下，数量、时间、体力的消耗三者是相一致的概念①。

如：人名的第一音节＋"-qa/-ke"可以构成称呼第二方的尊称，如：Jänibek aǧa（"贾尼别克哥哥"）可以尊称为"Jäke-老贾"；"muqtar aǧa"（穆合塔尔叔叔）可以尊称为"muqa-老穆"；"qurmanbek aǧa"可以尊称为"qureke-老胡"等。

因此，哈萨克人名敬称的"-qa/-ke/-eke"等附加成分和"aǧa"一词之间有着密切的关系，甚至，可以说"-qa/-ke/-

①　陈淑美：《语言的经济性原则在汉语中的体现》，载《韶关学院学报·社会科学》，2008（10）。

eke"等附加成分来源于"aǧa"一词或其语音变体。

（二）哈萨克语谦称

礼貌语言是精神文明的一个重要组成部分，礼貌语言是谦虚恭敬的语言，也就是说，谦己尊人。称谓是沟通人与人之间的桥梁，礼貌称谓也是称谓语中不可缺少的一部分，而谦称是礼貌称谓的重要内容，因此，对谦称进行研究具有一定的社会应用价值。

哈萨克语中有着丰富的谦称，有的在日常交际时还在使用，有的却已经消失。中华民族自古以来就有谦逊尊敬的传统美德，哈萨克语的敬称和谦称充分体现了这一传统美德。所谓谦称就是指表示谦虚的称谓，它经常用于自称或对外人称呼自己的亲属。如："oqïwšïŋïz"（学生）、"bawïrïŋïz"（兄弟）、"šäkirtïŋïz"（弟子）、"aqïmaq bawïrïŋïz"（愚兄）、"aqïlsïz ininïz"（愚弟）、"qïzïŋïz"（女儿）、"küšikterïm"（犬子）、"zayïbïm"（内人）等。不难发现，有些谦称在现代社会中已经失去了社会交际功能，那些具有时代特征的谦称仅存在于过去的书面语中，在反映过去生活的一些作品当中，我们也时常看到、听到。在现代社会里，谦称日益减少，人们不愿受繁冗的礼教束缚，更喜欢直截了当地介绍自己或介绍家人，如：自称时直接介绍自己的姓名，或介绍家人时用："äyelïm"（我妻子）、"jamaǧatïm"（妻子）、"ulïm"（我儿子）、"qïzïm"（我女儿）等。

哈萨克语谦称的形成有以下几个原因：一是哈萨克族自

古就有尊长爱幼的传统习俗，传统文化的影响非常深刻，人们就容易形成自我谦虚、尊敬长辈与他人的优良品质；二是哈萨克族经历了漫长的宗法封建社会，封建礼教束缚严紧，社会地位低下的人就容易形成卑微的心理，从而形成具有时代特点的许多谦称。

谦称名目繁多，较为复杂，随着交际双方的身份、地位、交际场合等的变化而变换，社会角色中的人们对称谓的选择上有着严格而繁琐的规则，作为社会人，每位社会成员必须恪守不误，不能失礼，也不能不敬。谦称能够产生亲善和合的社会凝聚力，它能够调节交际双方之间的关系，缩小双方紧张的心理距离，拉近双方的关系，能起到填充剂和润滑剂的社会作用。

谦称的特点是不使用"men"（我）、"özïm"（自己）等第一人称单数自称，而代之其他含有谦逊、自贬等意义的词语。谦称是一种谦逊的称谓，是个名词，它不是代词，但它却相当于代词"men"（我），如："ulïŋïz"（儿子）、"qïzïŋïz"（女儿）、"balaŋïz"（孩子）、"erkeŋïz"（娇子）、"kenjeŋïz"（几个孩子中最小的）、"šäkirtïŋïz"（徒弟）、"qïzmetkerïŋïz"（职员）、"kömekšïŋïz"（属下）、"jarïŋïz"（爱人）、"jaman bawïrïŋïz"（愚笨的兄弟）、"dosïŋïz"（朋友）、"köne közïŋïz"（老朋友）、"qurbïŋïz"（同年人）、"äyelïŋïz"（妻子）、"tïwïsïŋïz"（亲戚）等。

现代哈萨克语里谦称很少，谦称用的越来越少了，就个别谦称，如"ulïŋïz"（儿子）、"qïzïŋïz"（女儿）、"balaŋïz"（孩子）、"inïŋïz"（小弟）、"qarïndasïŋïz"（妹妹）、"bawïrïŋïz"（兄弟）、

"oqïwšïŋïz"（学生）等称谓还在使用。在中外多元文化的影响下，已被注入了新的合乎国际潮流的成分。在"人人平等"等思想的倡导下，人们的思想已经解放了，追求人人平等、自由，人们的自我意识越来越强烈，尊重个人主义的体现，因此，谦称不像以前那样时髦，从历史的舞台上逐渐被淘汰。反而，表示尊敬的尊称用得越来越多，用词语向他人示敬是大多数民族都有的礼貌方式，所以，现代哈萨克语里尊称仍然很多。

第七节　哈萨克语通用称谓语

一、哈萨克语通用称谓语的定义

称谓语是人际交往中沟通人际关系的信息与桥梁，它能够明显地显示出说话人之间的社会关系与社会身份，甚至，还能反映出一个民族的社会文化、历史背景、风俗习惯、世界观等。通用称谓语也是如此，具有不同民族在不同时代的历史烙印，能折射出一个民族在历史上所经历的社会生活与文化状态。社会通用称谓语随着时代的发展与人们社会生活的变化会有所改变，称谓语的变化体现了社会生活的日益多元化。

通用称谓语简称通称，是通常的名称，一般不严格区分被称呼者的年龄、职业、身份等，在社会上广泛使用的称谓语。

其特点是数量少、使用的人数多、频率高。《汉语词典》① 给"通用"下的定义是"普通使用"。《现代汉语词典》对通用的解释为"（在一定范围内）普遍使用"②。《现代汉语词典》对通用的解释更加准确、更加细致，因为"普通使用"前面加了限制范围。在一些特定的环境中有特定的交际称谓。通用称谓语就在一定的语言环境中普遍使用，离开了一定的语言环境范围，它将失去原有的社会功能与作用，通用称谓语的使用几乎为零。如："doxtïr"（医生）这一称谓，在医院这一特定的范围内，称呼看似医生模样（穿白色的医生工作服）的人是没有问题的，但一旦离开了医院、语言环境发生变化后，陌生交际中的个人对被称谓对象（受话人）所虚拟的社会角色也会随之发生变化。于是观之，"doxtïr"（医生）是在医院这一特定的范围内，人们对医生模样的受话者所使用的虚拟性称谓语。被称为"小社会"的学校校园里，称呼看似学生模样的人是应该没有问题的，称呼看似老师模样的人也是可以的。一旦离开了校园这个特定环境范围，即语言环境发生改变后，陌生交际中的个人对称谓对象所虚拟的社会角色随之发生变化。哈萨克语中的"sabaqtas"（同学）是学校里比较常用的称谓，看似学生模样的人都被称呼为"sabaqtas"（同学），校园这个特定环境里对陌生对象这样称呼应该是可以的。"dos"（朋友）在青年人当中是比较时尚的通用称谓语，在老年人当中罕见，一旦离开了青年人之间的特

① 《汉语大辞典》，商务印书馆（香港）有限公司，9页，转引自楼峰：《汉语"通用"社交称谓语的语义研究》，杭州，浙江大学，2007。
② 中国社会科学院语言研究所词典编辑室编：《现代汉语词典》，1139页，北京，商务印刷馆，1979。

定的语言环境，其功能与作用是不复存在的。

二、哈萨克通用称谓语的种类与类别

现代哈萨克语社会称谓中的社交通用称谓指在一定范围内不严格区分被称谓者的年龄、身份、职业等特点，人们在日常生活的交际当中广泛使用的一些称谓。在哈萨克通用称谓语中使用最多的是由亲属称谓语转化而来的拟亲属称谓语，也有其他表示社会关系的一般性称谓语。如："dos"（朋友）、"sabaqtas"（同学）、"joldas"（同志）、"muǧalïm"（老师）、"doxtïr"（医生）、"ustaz"（师傅）、"apay"（阿姨）、"aǧay"（叔叔）、"jeŋgey"（大嫂）、"mïrza"（先生）、"xanïm"（夫人）、"biykeš"（小姐）、"qarïndas"（妹妹）、"inišek"（弟弟）、"bawïr"（兄弟）等。最常见的有以下几个：

第一，"dos"（朋友）的意思是朋友、友人，是社会称谓语中使用率较高的通用称谓语，青年人中比较流行，含有讲哥们儿义气的意义，在老年人中罕见。除了用于通称的本义之外，"dos"（朋友）之前加上"男""女"构成"男朋友""女朋友"的格式，还表示双方是恋人关系。在哈萨克语中"dos"（朋友）后面可以加第一人称（单数）的领属词尾"-ïm"，表示领属关系，如："dosïm"（我的朋友）等。"朋友"一词在哈萨克语里的意义重大，哈萨克有句谚语："Dos jïlatïp aytadï, dušpan küldirip aytadï"（朋友的话使你哭，敌人的话使你笑），因此，在社会交际中，"dos"（朋友）这一称谓起着非常重要的桥梁作用。"dos"（朋友）是表示社会关系的一般性的称谓语，但它后面加上第一人称（单数）的领属词尾"-ïm"后显得更亲切、亲密，把陌生交际对象当做亲人来称呼，把交际对象视为亲戚来进行社会交流。这样会给听话者留下深刻印象。双方离开了校园环境后，遇到一个人时，不一定用老师一词来称呼，交际顺利进行，并且会达到理想的社会交际目的。哈萨克年轻人在不知对方的姓名、职业、职务与身份的情况下，一般多采用"dosïm"一词来称呼，看似是普通的称谓语，其实这一称谓语表示对称谓对象的尊敬。

哈萨克族社会称谓语遵循的原则是礼貌、尊敬。不管什么人，与陌生人进行社会交流时，首先一定要打个招呼，如果不打个招呼，直接问话常被认为是不礼貌、不文明的行为。晚辈对长辈、长辈对晚辈、下级对上级、上级对下级之间通常也是如此。社交通用称谓语最能反映出称谓语的礼貌性与尊敬性。

第二，"bala"（孩子）、"qïz"（女儿）、"bawïr"（兄弟）等这些称谓语在哈萨克语中也是常常出现的社交通用称谓语。它是由亲属称谓泛化而来的，尤其是长辈称呼晚辈时多有使用。"bawïr"（兄弟）也可在同辈之间互相使用。长者在街上或其他地方遇到陌生人时，在并不知道对方的身份、职业、姓名或职务的情况下，把亲属称谓泛化到亲属关系之外的范围，想方设法拉近双方之间的心理距离，将会达到一定的交际目的。哈萨克族长辈见到晚辈时，以上通用称谓语后面加上第一人称（单数）的领属词尾"-ïm"来称呼被称呼者，将对方当做自己的亲戚，给称谓对象留下深刻的印象与亲切的感觉。如：

"bala+m=balam"（我的孩子）、"qïz+ïm=qïzïm"（我的女儿）、
"bawïr +ïm=bawïrïm"（我的兄弟）、"qarïndasïm"（妹妹，一般
男性在称呼比自己年龄小的女性时所使用）、"siŋilim"（妹妹，
一般女性在称呼比自己年龄小的女性时所使用）等称呼语，一
方面起着呼语对方的作用，另一方面视被称呼者为亲人，这样
能够缩小双方之间的心理距离，为接下来的对话与交际打下良
好的基础。如："Balam, tura turšï, Aday awïliïna qalay baradï?"（孩
子，请你等一下，能告诉我阿代阿吾勒怎么去吗？）；"Qïzïm,
mağan bir qalta kämpiyt bere salšï!"（姑娘，给我一袋子糖，好
吗！）；"Bawïrïm, bir qara sïyïr köre aldïŋ ba?"（兄弟，你看到一
头黑牛没有？）；"Qarïndasïm, mağan azïraq sïwsïndïq berši, šölden
tilim taŋdayïma jabïsïp qlayïn dedï."（妹妹，给我点喝的吧！我已
口干舌燥的了！）。这样的拟亲属通用称谓语是与哈萨克族自古
以来的敬老爱幼的优良传统分不开的。在哈萨克族看来，家族
亲属关系是人世间最亲密的关系，用亲属称谓来称呼对方，不
仅表示尊敬、客气，还表示了发话人希望与被称呼者建立更亲
密的关系，能够起到缩小交际双方的距离，显得更容易消除双
方的障碍，更容易达到语言的"亲和"功能。

　　第三，"ağay"（叔叔、哥哥）、"apay"（阿姨）等称谓语
也是哈萨克语中使用率较高的通用称谓语。"ağay"是对男性
长辈的称谓语，"apay"是对女性长辈的称谓语。它不受身份、
职业、年龄的限制，只要比自己年龄大的人都可以适用。称呼
时显得亲切、随便，而且具有新鲜、文明的含义，很符合人
们趋雅的心理。对熟人称呼时，前面可以加姓名，构成"Azat

ağay"（阿扎提叔叔）、"Gülya apay"（古丽亚阿姨）、"Nazïm jeŋgey"（娜孜姆嫂子）等格式。

"ağay"（叔叔、哥哥）、"apay"（阿姨）等称谓语在国内外哈萨克族当中是比较通用的社交称谓，已经扩展到社会生活的方方面面。如：哈萨克斯坦部分地区哈萨克族学生与中国塔城地区的哈萨克族学生当中普遍使用"apay"（阿姨），"ağay"（叔叔）等称谓来称呼女老师与男老师。除了哈萨克斯坦南部地区与西部地区的学生对老师的称呼使用"äpke"（大姐）、"äkpe"（姐姐）、"äpše"（姐姐）、"äpče"（姐姐）、"šešey"（大娘）、"apa"（大娘）、"äpeke"（大姐）外，在哈萨克斯坦其他地区的哈萨克族学生当中较为流行的对老师使用的呼语有："apay"（阿姨）、"ağay"（叔叔）等。[①] 在那里平时很少听到"muğalïm"（老师）这一称谓。

第四，"jeŋgey"（大嫂）是对年长妇女的尊称。也是哈萨克语中通用的称谓语，由亲属称谓语转化而来的拟亲属称谓语，陌生交际中的个人凭借自己的生活经验，根据称谓对象的年龄称呼其为"jeŋgey"（大嫂），它不受身份、职业等因素的限制，对称呼对象的年龄也没有严格的限制，不严格区分辈分、年龄，只要比自己年龄大的人都可以使用。"jeŋge"（嫂子）本来是表示亲戚关系的称谓语，一般对关系较亲密的、有亲戚关系的人使用。而社会交际时，对亲属称谓语进行一定的改造，亲属称谓语后缀加"-y"附加成分，"jeŋge"后缀加"y"就可以变成

---

① Ayman qobïlanova: qazaq söz ätyketi, almatï: joğarï attestassyanïŋ komyssyanïŋ baspa ortalïğï, 2001.

"jeŋgey"（大嫂），被用于通用称谓语。哈萨克族文化的特点之一是重视亲属关系，哈萨克族始终把亲戚关系当做人际关系的第一主体。无论是亲戚关系的人，还是非亲戚关系的人都被视为"自家人"，以示尊敬、礼貌，这与哈萨克族的"亲如一家""以血缘关系为主的部落"的根深蒂固的观念有关。

第五，"ustaz"（教师、导师、师傅）、"muğalïm"（老师）、"oqïtïwšï"（教师）等称谓语。"师傅"在《现代汉语词典》有以下解释：①工、商、喜剧等行业中传授技艺的人。②对有技艺的人的尊称。[1]本来是学徒者对向自己传授技艺的人的称呼，后来在工人队伍中普遍使用为尊敬对方的称谓。"师傅"对男性、年长者使用较多，对年轻人和女性较少使用。它用起来较为客气、礼貌、随便。"ustaz"一词在新中国成立以后是比较流行的称谓词，在哈萨克语中使用"ustaz"来称呼对方显得礼貌，它既可用于男性，也可用于女性。哈萨克语中除了"ustaz"之外，还有"muğalïm"（老师）、"oqïtïwšï"（教师）等称谓，这些词语既是身份类称谓语，也是社交通用称谓，这些称谓语也有泛化现象，一般在很多场合中"muğalïm"（老师）被用于面称，而"oqïtïwšï"（教师）被用于背称，如：一般叫某人时使用"muğalïm"，而不是"oqïtïwšï"。"muğalïm"的泛化从学校或艺术团开始，对任何年长者都适用，后来同辈之间也互相使用。[2]社会称谓语

---

① 中国社会科学院语言研究所词典编辑室编：《现代汉语词典》，1022 页，北京，商务印刷馆，1979。

② 戴庆厦：《社会语言学概论》，30—31 页，北京，商务印刷馆，2014。

自身所具有的特点是其泛化的重要原因，这些因素为其泛化提供了内在基础。中国人历来尊师重教，"一日为师，终身为父"，因此，老师的地位在人们心中是较高的，甚至，人们把这一称谓语泛化到医院里去了，在医院里，年轻的医生护士对年长医生护士也使用"muğalïm"来称呼。"随着社会文化的不断发展与人们社会生活的变化，称谓语也改变了自己的形式与内容。社会结构与人际关系的变动使得一些旧的称谓语消亡，新的称谓语产生，或将旧的称谓赋予新的含义与功能。"① 新中国成立前比较通用的称谓语是"molda"（毛拉），这个称谓语较为流行，一般有教育、有文化、有知识的男性被尊称为"molda"，相当于汉语的"先生"。新中国成立后，"molda"这一称谓语的适用范围逐渐缩小，除了对清真寺的阿訇、教长称作 molda 之外，基本上作为历史词语退出了历史的舞台。

第六，"joldas"（同志）在哈萨克语中有以下几种意思：①同路人、同道人、同伴；②同志；③爱人，丈夫；妻子；④胎盘。"joldas"（同志）是哈萨克民间文学中常见的词语之一，它的本义是"同路人""志同道合的人"。新中国成立以后"joldas"（同志）等革命色彩浓重的词语从俄语开始传入中国。"joldas"（同志）本来是共产党员间相互称呼的称谓语，并且其他进步党派也在使用。新中国成立后，"同志"慢慢渗透到社会各个行业和领域中，演变成了社会通用的称谓语。② "joldas"

---

① 戴庆厦：《社会语言学概论》，144—145 页，北京，商务印刷馆，2014。
② 沈颖青：《论现代汉语通称产生的途径》，145 页，载《邵阳学院学报》（社会科学版），2002（3）。

（同志）一词迅速普及开来，适用于各行各业各个阶层，几乎成了中国人唯一的称谓形式。称谓语"同志"在新中国成立以后到20世纪80年代之间流行，是最具有代表性的社交称谓语的通称。改革开放以后，"joldas"（同志）这一称谓语的使用范围逐渐变小了。我们根据听话者的年龄，可以在"joldas"（同志）前面加"qart"（老）一词，如："qart joldas"（老同志）；也可加姓名，如："Abay joldas"（阿拜同志）等。这表明说话者与听话者是一种相识的关系，口吻客气，但关系较疏远。

随着时代的发展与人们社会生活的改变，称谓语也在不断地变化以满足社会交际的需要。如：新称谓语的不断出现，旧称谓语新用法的出现或旧称谓语的消亡，使得语言进一步得到丰富与发展。哈萨克语中"apay"（阿姨）本来是对与自己父母年龄差不多的女性或父亲的姐妹使用的称谓语，但在现代哈萨克语中，对年龄比自己稍微大的女性也适用。社会称谓语是开放的、敏感的语汇系统，称谓语自身具有独特的功能与特点，但时代的变迁与人们价值观念的更新，使得称谓语改变其原有的功能与特点。不仅如此，社会称谓语也能折射出一个民族的风俗习惯、社会生活、文化状态、价值观念、世界观等，并互相渗透，互相影响。从双语教学角度来讲，称谓语的研究对双语教学来说也有不可替代的作用。从语言研究来讲，称谓语的研究能够更加促进词汇学与社会语言学的发展，因此，对称谓语进行细致的研究是必要且迫切的。

三、哈萨克语通用称谓语的特点

（一）虚拟性特点

语言交际活动中，由于交际主体互不相识，使得社交通用称谓具有虚拟性的特点。比如："muğalïm"（老师）、"uataz"（师傅）、"doxtïr"（医生）等有些社交关系称谓和职业称谓，交际主体双方并非真正的"师生""师徒"关系，在医院，穿着白色衣服的工作人员不一定都是医生，而"muğalïm""uataz"和"doxtïr"也仅仅是称呼人对被称呼人的虚拟性社交通用称谓语。

（二）尊敬性特点

在哈萨克族传统文化当中，有"尊人贬己"的观点与思想，在此观点与思想的影响下，哈萨克族跟陌生人交际时，称呼对方习惯选用表示权势的称谓进行称呼，使被称呼对象处于优势，这使得社交通用称谓语具有了尊敬性的特点。甚至，在农村有固定收入的工作人员对城市上班的工作族也采用"尊人贬己"的策略，在称谓语的使用上十分谨慎，这也充分体现了社交称谓语的尊敬性的特点。

（三）情感性特点

有时候语言交际的需要，要考虑拉近互不认识的双方的心理距离，会选择与表示权势意义的称谓相反的亲近称谓语，如："dos"（朋友）、"ağayïn"（哥们儿）、"sabaqtas"（同学）等。社交关系称谓一旦用于陌生人，就会变成通用称谓语，而且这种用法会体现称呼人对被称呼人的一种亲密感。这些都说明通用称谓具有情感性的特点。

因社会的迅速发展形成不同的社交关系，需要产生新的社交称谓。所以，部分常用的社交关系称谓的泛化，部分常用职衔称谓的泛化导致新的社会称谓类别——社交通用称谓的出现。

第八节　哈萨克语中的特殊领域称谓语

一、哈萨克语中特殊领域称谓语的概念与定义

称谓语是语言学家与相关学者们所研究的热点话题，因为它与社会生活、风俗习惯、经济状况、政治面貌、价值观念等种种因素有着千丝万缕的关系。社会称谓语是纷繁复杂的社会文化现象。哈萨克语称谓语中明显存在性别、年龄等方面的各种差异，我们所说的"特殊领域称谓"指的是女性、老年人、婴幼儿、年龄等方面的称谓。在日常生活与人际交往中，我们要谨慎考虑各种社会现象与语言因素，在称谓语的运用上，交际双方尽量选择使用得体的称谓语来达到交际目的，尤其是晚辈对长辈、女性对长辈的称呼和男性对女性的称呼上要更加小心，避免发生不愉快的情况和不必要的麻烦。本节中运用社会语言学、普通语言学的理论知识，着重探讨哈萨克语中的特殊领域称谓语，从不同的角度对哈萨克语特殊称谓语中存在的社

会文化现象进行深刻描写和系统分析。

（一）哈萨克女性的称谓语

社会语言学家认为语言是以变异网络的形式存在的，语言是人类思维的工具、交际的工具和标志社会身份的手段。人类社会是由男女组成的，男女之间除了心理、生理等方面存在差异以外，语言方面也存在差异。所谓性别称谓就是以性别差异为主要区别特征而形成的称谓词语。[①] 我们在这里所谈的性别称谓对象是社会称谓里面的性别称谓，它不包括亲属称谓里的性别称谓。性别不同，对称谓语的选择上会显示出或多或少的差异。"这种变异普遍存在于人类语言社会的客观事实，是语言社会变体常见的表现形式之一，也是社会语言学家研究的一个重要问题。"[②] 自从 20 世纪 70 年代开始性别问题的研究已经成为社会语言学研究中的一个不可取代的独立分支。

我们要所谈到的女性称谓语包括亲属称谓语和社会称谓语在内的对女性称呼上所存在的一种语言现象。在哈萨克语亲属称谓方面，男性与女性称谓上存在内外、长幼之别等差异；而社会称谓方面则存在称谓词语的标记性与无标记性等社会现象。一般情况下，女性称谓语中多出现标记现象，而男性称谓语中很少有标记词语。性别不同，在语言的使用上肯定会表现出或多或少的差异。称谓语是语言的组成部分，体现了性别与语言的关系，称谓语的指称对象是人这一特点使这种关系更加凸显了。

---

① 许秋华：《九部宋人笔记称谓词语研究》，127 页，济南，山东大学，2013。
② 戴庆厦：《社会语言学概论》，22 页，北京，商务印书馆，2014。

　　语言中某些词汇是标记性的，已成为约定俗成的、不可改变的社会现象。这种现象在哈萨克语中表现得也格外突出，指出表示男性的词汇是"无标记的"，表示女性的词汇普遍认为是"有标记的"，词汇本身是没有"标记"与"无标记"的区别，但在人们的思想中根深蒂固地形成了这种性别概念。称谓语的性别标志是指称谓语的某一语素能够表明称谓对象的性别，有些称谓语没有性别标志，即从称谓语自身看不出其适用范围是男性或女性，哈萨克语中有不少的称谓语既可用于男性，也可用于女性。如："jumïssï"（职工）、"qïzmetšï"（工作人员）、"oqïtïwšï"（老师）、"joldas"（同志）、"dos"（朋友）、"ustaz"（老师）等。

　　在有些职业性的称谓语中，一些词汇本来是没有性别标志的，指称对象指男指女皆可，但人们习惯把它们当作男性词来看待。在人们思想定势中，这类称谓语似乎也成了男性词汇。如："adam、kisi"（人、男人）、"bala"（孩子、男孩儿）、"uya basar"（顶替人、接班人，指的是男性）、"atqa miner"（骑马者，指的是男性）、"ïzbasar"（接班人，指的是男性）、"otağasï"（家长）、"küyši"（弹琴者）、"batïr"（英雄）、"balwan"（摔跤手）、"aŋšï"（猎人）、"baptawšï"（驯养者）、"biy"（毕）、"wäzir"（丞相）、"saqšï"（警察）、"sotšï"（法官）、"ağašsï"（木匠）、"temirši"（铁匠）、"jattïqtïrïwši"（教练）、"etikšï"（鞋匠）、"bastïq"（领导）、"elši"（大使）、"adïwakat"（律师）、"otaši"（接骨匠）、"doxtïr"（医生）、"jazïwši"（作家）等。如果指称对象是女性的话，前面加"äyel"（女）字作为标记以示区别。如："äyel adam"（女

109

人）、"qïz bala"（女孩儿）、"äyel bastïq"（女领导）、"äyel saqšï"（女警察）、"äyel doxtïr"（女医生）、"äyel jazïwšï"（女作家）等。有些职业性的标记称谓语的使用上人们一般前面不加"er"（男）一词，而这些职业词汇前加"äyel"（女）字是从表面上看，似乎是为了强调和突出。实际上，以前社会中地位较高的职业几乎被男人垄断，女人寥寥无几，这些词汇特指男性，也就理顺成章了。

新中国成立以后，随着我国社会主义事业的发展与人民社会生活水平的不断提高，以及我国教育的不断普及，使得女性自身素质提高，女性在政治、经济、文化等方面展示出很强大的才华，众多的女性跻身于各种各样的社会职位，并发挥出重要作用，现代社会中原本男性扮演的角色也有更多的女性加入进来，女性不再处在被动、支配地位，这些职位称谓可以用来指称处在该职位的女性了。

人类在社会化过程中扮演了不同的社会角色，便形成了社会性别。随着社会的发展，男女两性的社会性别融合，男女之间的差异与以前相比变小了，但依然存在着某些差异，这是毋庸置疑的社会现实，这些差异在人们所选择的社会称谓语中更能凸显出来。如：哈萨克语中有表示男女性别的词语，有些词语表示女性的，有些词语表示男性的，哈萨克语中有性属区别的词一般只限于名词，而代词、动词、形容词等没有这种性属区别，但为数很少的形容词与动词有性属区别，下面我们通过具体的例子来进一步说明哈萨克语中所存在的性属区别。

表2-7 哈萨克语中的性别词语表

男性	女性
er（男人）	äyel（女人）
erkek（男人）	urğaši（女人）
kisi /er kisi（男人）	äyel kisi，qatïn kisi（女人）
er adam（男人）	äyel zatï（女人）
quda（亲家、亲家公）	qudağiy（亲家母、亲家婆）
quad bala（指接亲双方的青年男亲亲属）	qudaša（指接亲双方的青年女亲亲属）
jezde（姐夫）	jeŋge（嫂子）
baja（连襟）	abïsïn（妯娌）
ağa（哥哥，兄长）	äpeke（姐姐）
aqsaqal（老人家，部落长辈）	äje（奶奶）
bay、küyew、er（丈夫）	qatïn、kelïnšek、jamağat（妻子）
ïnï（弟弟）	qarïndas（妹妹）
qağan、xan（可汗、王）	xanïm（王后）
xanzada（公子）	xanïša（公主）
qul（男性奴隶或奴仆）	küŋ（女婢或女仆）
ul（男孩儿）	qïz（女孩儿）
ul bala（男孩子）	qïz bala（女孩子）
küyew（女婿）	kelin（儿媳妇儿）
šal（老头儿）	kempir（老太婆）
bozdaq（小伙子）	biykeš（女士或少女）
jigit（小伙子）	qïz（姑娘）
qayïn（男方称女方亲属）	törkin（娘家、女家）
qoyšï（男孩儿）	jïlqïšï（女孩儿）
tayaq ustar（男孩儿）	taqïya tiger（女孩儿）
tulïmdï（男性）	burïmdï（女性）
börikti（男的）	aq jawlïq（女的）
boydaq jigit（单身汉）	otïrğan qïz（单身女）
mïrza（先生）	xanïm（夫人）
atay（老大爷）	äjey（老大娘）
azamat（勇士、好汉）	azamatša（淑女）
jesïr šal，jesïr erkek（鳏夫）	tul qatïn，tul äyel（寡妇、孀妇）

在哈萨克语中，为数很少的其他词类的性属区别有形容词、动词等。形容词有："erjetken"（成年男子）、"boyjetken"（成年女子）、"boydaq"（未婚的，指男子）、otïrǧan qïz（年纪过大而未出嫁）、"basï bos"（指女性没有异性朋友）、"basï baylawlï"（指女性已有异性朋友）、"üki taǧïlǧan"（指已订婚的姑娘）、"kešïl"（独身男性）、"sal seri"（花花公子）、"tul"（寡妇的、鳏妇的）、"jesir"（寡妇的）、"tumsa"（生头胎的妇女）、"qayïnsaq"（爱到岳父母家去的）、"qïzteke"（两性人，指男性）等。动词有："erjetïw"（长大成人，指男性）、"boyjetïw"（长大成人，指女性）、"üylew"（成家，指男性）、"qïz ayïttïrïw"（给男子说亲、说媒）、"qïz körïw"（小伙子挑姑娘）、"uzatïw"（出嫁）、"qayïnšïlaw"（去岳父母家）、"törkindew"（回娘家）、"talaq etïw"（遗弃妻子）等。

根据传统的语法概念，有性别语法范畴的语言里，其语言的主语、谓语以及其他修饰语都与"性属"处在一致的关系里，而哈萨克语只限在名词范围。现在很难判断哈萨克语是否有性的语法范畴，尚需要进一步的研究与探讨。

有性别标志的称谓词常常是成对地产生，或者两个同时产生，或者先后产生，因此，具有很强的性别对称性。如："süygen jigiti"（情郎）、"süygen qïzï"（情妹）、"dayaší qïz"（女服务员）、"dayaší jigit"（男服务员）、"muǧalïm"（男老师）、"muǧalyma"（女老师）、"azamat"（勇士）、"azamatša"（淑女）、"otaǧasï"（家长，指男的）、"otanasï"（家长，指女的）、"töraǧa"（主席）、"törayïm"（女主席）等。哈萨克语中，有些称谓语不具有性别对称性，如：有"kestešï äyel"（刺绣女工），没有"kestešï er"（刺绣男工）；有"biyšï qïz"（舞女），没有"biyšï jïgït"（舞男）；有"qoyšï bala"（牧童），没有"qoyšï qïz"（牧女）；有"qolbala"（童养媳），而没有对称的词语；有"bala bağïwšï qïz"（保姆），没有"bala bağïwšï jigit"（保男）等。称谓语的这种性别标志的不对称性反映了社会职业的不合理性，过去社会分工是不合理的，从事职业的人要么是男性，要么是女性。旧时，男人占主要地位，他们往往占据着社会中的主要职能部门的关键位置，社会上被认为得体的职业似乎是男性的，而女性更多地从事那些服务性的、辅助性的工作。如果有少数异性侵入这种职业，似乎就违背了社会分工的常理，在语言上则表现出一些不伦不类的称谓语。

现代哈萨克语的女性社会称谓语根据它们不同社会交际中的使用情况，将其划分为女性通称、女性职务称谓、女性职业称谓、女性拟亲属称谓、女性敬称称谓等。

1. 女性通称

通用称谓语简称通称，是通常的名称，一般不严格区分被称呼者的年龄、职业、身份等，"在一定范围内"普遍使用的称谓语。其特点是数量少、使用的人数多、频率高。在哈萨克语里，对女性的通称主要以下几个：

（1）"törayïm"（对女主席或有地位的女人的称呼）

它既是通称，也是敬称，对德高望重或有权势男性妻子的通称，也有"主席"之意（指女性），主要在哈萨克斯坦哈萨克语中使用的频率较多，我国哈萨克语受哈萨克斯坦哈萨克语的影响，"törayïm"等不少的称谓在我国哈萨克语中已经开始流行。"törayïm"与"xanïm"（夫人、女士）一词并用，但用法上有些不同。"xanïm"阿拉伯语，妇女，公主之意，它有以下几种意思：①王后、皇后；②夫人、太太、女士。"xanïm"称谓语以前是对皇后或巴依的妻子使用的尊敬词，在等级制度森严的时代，它只限于称呼贵族夫人，现在已经失去了以前的高贵意义，如今成为在社会生活的各个领域中对所有女性广泛使用的通称，其使用对象不像以前一样受地位、身份、婚姻状况、年龄等因素的限制，在哈萨克斯坦的哈萨克族中这个女性称谓语使用的频率更高。

"törayïm"的使用对象虽然受年龄、性别、权势等种种因素的影响，但对婚姻、职位等因素的区分不太严格，它首先在哈萨克斯坦哈萨克语中开始流行，称呼对象是女主席或有权有势的女人，现在我国哈萨克语中开始逐渐使用，尤其是在政治界、文学界、文艺界及其他正式的场合中被广泛使用。

（2）"joldas"（同志）

"同志"一词原意为"志同道合的人"，此时，"同志"称谓语慢慢渗透到社会各个行业和领域，演变成了社会通用的称谓语。①"同志"称谓语是新中国成立到 20 世纪 80 年代之间最流行，最具有代表性的社交称谓语的通称。它不分职业、职务、性别、年龄等，既可用于男性，也可以用于女性。丈夫

---

① 沈颖青：《论现代汉语通称产生的途径》，67—68 页，载《邵阳学院学报》（社会科学版），2002（3）。

给别人介绍自己的妻子时，可以把妻子称呼为"同志"，如："Bul meniŋ joldasïm aygül boladï."（这位是我的妻子阿依古丽）等。"同志"称谓语一时普及到全国各行各业，成为各领域的通称，人们对陌生成年女人也使用这一称谓语，但在人们的心目中，它似乎专指男性，因此，在它之前加"女"来称呼。现在它已经失去原来的社会功能，其使用范围越来越小，在称呼女性时，人们很少使用此称谓语了。

（3）"biykeš""boyjetken""qïz"（小姐、女士、姑娘）

在哈萨克语里专指未婚女性的通称，"biykeš"（少女、姑娘、小姐）有时也指已婚青年妇女。"qïzdar"（姑娘们）这一称谓语在现代哈萨克语里有一种时尚的取向与趋势，现在，同龄人或关系较密切的已婚的城市妇女之间互相称呼为"qïzdar"（姑娘们），这种趋势明显受维吾尔族等其他民族文化的影响，哈萨克传统语言文化中，已婚妇女被称为"kelinšek"（媳妇儿）、"qatïn"（妇人）、"äyel"（女人）等，而从未使用"qïzdar"（姑娘们）这一称谓来称呼已婚妇女。但随着其他文化的影响，现在，"biykeš""qïz"等称谓语几乎可以指某一交际场合中的所有女人了。维吾尔语里"qïzdar"这一称谓的指称对象是指交际场合中的所有女性（已婚、未婚在内），而哈萨克语里，"qïzdar"（姑娘们）指的是少女，对已婚妇女的使用并不多，只有在个别非正式场合或关系亲密的女性当中使用。

2. 女性职务称谓语

职务称谓语是用称谓对象所拥有的官衔、职衔、学衔、军衔等来作为称呼语的称谓，它实际上是一部分职业称谓语的具体化。①职务称谓语由于各个部门或各个行业的性质不同，其内部系统结构会有差异，职务称谓语使用于正式或非正式的交际场合中，可以用在谈论会议、学习、工作等交际环境中，在这里人际关系往往是决定如何使用称谓语的关键因素。"人际关系与称呼语的关系极为密切"②，如果交际双方是亲近关系，则使用称谓语时较随意一些，在非正式的交际中不一定非要使用职务称谓语，交际双方的关系较疏远，即使在非正式的交际场合中，也可以使用职务称谓语。职务称谓语可以分为：官衔、职衔、学衔、军衔等几种。

官衔，如："el basï"（总统）、"sekiratar"（书记）、"bas baqïlawši"（监事长）、"meŋgerwši"（主任）、"derektor"（经理）、"premir mynïstïr, zoŋlïy"（总理）、"bölimše bastïğï"（所长）、"mektep bastïğï"（校长）、"miynistïr"（部长）等。

职衔，如："professor"（教授）、"zerttermen"（研究员）、"jetekši"（辅导员）、"texniyk"（技术员）、"yinjener"（工程师）、"laborant"（实验师）、"ägronom"（农艺师）、"ekonomyïs"（经济师）、"ağa redaktor"（编审）、"ağa awdarmaši"（译审）、"seneryaši"（编剧）等。

学衔，如："post doktor"（博士后）、"doktor"（博士）、"aspïyrant"（研究生）、"baklawïr"（本科）等。

---

① ［韩］金炫兑：《交际称谓语和委婉语》，104 页，北京，台海出版社，2001。
② 李晋荃：《人际关系与称呼语》，2—6 页，载《南京大学学报》（哲学人文社科版），1990。

军衔，如："genaral"（将军）、"maršal"（元帅）、"general polkovnïyk"（上将）、"general leytenant"（中将）、"ağa polkovnyk"（大校）、"mayor"（少校）、"käpïytan"（上尉）等。

本来以上职务称谓语是可以直接指称担任这些职位的女性的，但在传统观念上，社会上被认为得体的职业似乎是男性的专长，而女性更多地从事那些服务性的、辅助性的工作，由于过去人们在思想上认为男性与女性在工作种类与工作岗位上分工是不同的，因此，女性很少涉足男性占据的社会中的主要职能部门的关键位置，一旦女性担任这些主要职务时，人们往往在其职务前加一个性别标记"女"来进行区别。毋庸置疑，产生这种现象的根源是社会对女性的歧视，这也是语言的社会标记。新中国成立以后，随着社会的发展与人们思想观念的更新，人们对女性的偏见变少了，而且越来越多的女性跻身于各种各样的社会职位，并发挥出自身的重要作用。因此，那些过去普遍认为男性专长的职务称谓语现在都可以来指称处于该职位的女性了。

3. 女性职业称谓语

职业称谓指与被称呼者的职业有关联的称谓语。职业称谓语表现的一般是脑力劳动或深受大众尊敬的职业，可以直接用来面称，或在前面加上姓名，或职业称谓语后面加上"女士、姑娘、夫人"等词语来形成复合词。在学校、政府部门、企业、部队等正式的场合中，在谈论工作或把某人介绍给别人时，人们经常使用职业称谓语。它是一种尊重对方职业的合于礼貌的称谓语。现代社会科学发达，职业门类较多，职业称谓的数量也很多，但并非所有职业都有特殊的职业称谓语。现代哈萨克语中，较常见的职业称谓语有："doxtïr"（医生）、"sestïra"（护士）、"orman qorǧawšï"（护林员）、"omartaši"（养蜂人）、"otaši"（正骨师）、"bapker"（教练员）、"töreši"（裁判员）、"bala qarawši"（保姆）、"kiyim ütiktewši"（熨衣工）、"asaba"（主持人）、"siwretši"（画家）、"geolok"（地质学家）、"tilši"（记者）、"muǧalïm"（老师）、"adïwakat"（律师）、"buǧaltïr"（会计）、"kässir"（出纳）、"šofer"（司机）、"xatši"（秘书）等。

以上提到的众多的职业称谓中，只有几个专门属于女性的称谓，如："sestïra"（护士）、"kiyim ütiktewši"（熨衣工）、"buǧaltïr"（会计）、"kässir"（出纳）、"bala qarawši"（保姆）、"xatši"（秘书）等。这些职业都是服务性的、辅助性的工作，社会普遍认为这些职业为女性专属，人们普遍认为这些称谓语是女性职业称谓中的典型代表。由于受传统观念的影响，社会上被认为得体的职业似乎是男性的专长，在人们思想定势中，主要职业称谓语似乎也成了男性词汇，如果指称对象是女性的话，那些职业称谓前要加"女"来进行区别。如："äyel doxtïr"（女医生）、"äyel töreši"（女裁判员）、"äyel adïwakat"（女律师）等。但随着社会的发展与教育事业的普及，称谓语会呈中性化发展趋势，人们思想定势中被认为得体职业前不加"女"也可以表示从事该职业的女性。

4.女性拟亲属称谓语

拟亲属称谓语是中国社会民众生活中普遍存在的一种生

活习俗现象，也是哈萨克语中普遍存在的一种语言文化现象。拟亲属称谓是亲属称谓的泛化，使用亲属称谓来称呼非亲属关系的人，现代哈萨克语的拟亲属称谓语也是从哈萨克亲属称谓泛化而来的。

拟亲属称谓语是哈萨克文化中注重家庭、注重亲情观念的体现。处于尊敬、情感与交际上的需要出现了泛化后的称谓语。我们在街上或其他地方遇到非亲属的女性时，在不知道对方的身份、年龄、姓名或职务的情况下，首先根据我们的生活经验，亲属称谓泛化到亲属关系之外的范围，想方设法拉近双方的关系，将达到一定的交际目的。如：称呼祖辈年龄相仿的女性为"äjey"（大娘）、"äje"（奶奶）、"apa"（祖母、奶奶）等；称呼跟父辈年龄相仿的女性为"apay"（老大姐）、"apa"（妈妈）等；称呼跟自己年龄相仿的女性为"apeke"（姐姐）、"qarïndas"（小妹）、"siŋilim"（妹妹）等；称呼比自己年龄小很多的女性为"qïzïm"（我的女儿）、"balam"（我的孩子）等。总的来说，哈萨克语中拟亲属女性称谓的称呼方式有以下几种情况：

第一，直接使用亲属称谓语。如："äjey"（大娘）、"äje"（奶奶）、"apa"（祖母、奶奶）、"apay"（老大姐）、"apa"（妈妈）、apeke"（姐姐）、"qarïndas"（小妹）、"qïzïm"（我的女儿）、"balam"（我的孩子）等来称呼非亲属关系的女性。"apay"（姐姐、老大姐）是少儿或年轻人对年岁较大的妇女的尊称，它是在哈萨克语中较为流行的称谓语，以前它是与父亲年龄相当的女人或父亲姐妹的称谓语，现在使用于比自

119

己年龄稍大的女性，它是对非亲属女性长辈最常用的称谓语。"täte"（大婶儿、大娘）有以下意义：①对母亲的称呼；②姐姐、大姐；③嫂子、大婶等。这一称谓在非亲属关系的人之间使用时，表示"大婶、大姐"等意思。它也是哈萨克族当中使用频率较高的称谓语之一，将比自己年龄大不少的非亲属女性称呼为"täte"，该称谓对被称呼者留下一种亲切、亲和的印象，可以缩小双方的心理距离，更易于达到想要的交际目标。

第二，名＋亲属称谓语。如："nurgül apay"（努尔古丽大姐）、"jaziyra apay"（加孜拉大姐）、"gülnur täte"（古丽努尔大姐）、"aray täte"（阿依努尔大婶）等。姓＋"apay"是亲切的称谓，表示双方的关系比较亲切，它是对长辈女性的称谓语。这一称谓在古代的哈萨克语中受年龄的限制，一般将与父母年龄相仿的女性称呼为"apay"（老大姐），但现代哈萨克语中，它不受身份、职业、年龄的限制，只要比自己年龄大的人都可以适用。但不知道对方的姓名或对被称呼者不熟悉时，就不能使用名＋亲属称谓的这种称呼方式。"名"＋"täte"（大姐）一般多用于子女称呼父母的女性同学、朋友等，这样称呼显得尊敬、亲切。在哈萨克语里称呼祖辈年龄相仿的女性时，决不能在其姓名后加亲属称谓来称呼，这样称呼是对老人不尊重，需要称呼老人时，直接借用亲属称谓来称呼，如："aqsaqal"（老人家）、"apa"（奶奶）、"atay"（老大爷）、"äje"（奶奶）、"äjey"（老大娘）等。

第三，亲属称谓＋第一人称领属词尾。在哈萨克语中，亲属称谓后加第一人称领属词尾表示领属关系。一般长辈或年长者将比自己年轻一些的女性称呼为"siŋilim"（我的妹妹）、"qarïndasïm"（我的妹妹）等。汉语的"妹妹"这一称谓，凡比哥哥或姐姐年龄小的女性都可以称之为"妹妹"，而哈萨克族则不完全这样称呼，姐姐把妹妹称为"siŋli"，哥哥把妹妹称为"qarïndas"，因此，"siŋilim"（我的妹妹）则可以是年长女性对比自己年轻一辈女性的称谓。而"qarïndasïm"（我的妹妹）则可以是年长男性对比自己年轻一些的女性的称谓。

5. 女性敬称称谓语

敬称是社交时说话人为了表示对受话人的尊敬所使用的一种称谓方法。[1] 哈萨克语中对女性的称谓主要有以下一些形式：

名后 + "xanïm"（太太）来称呼，如："Jayna xanïm"（加依娜夫人）、"Nağiygül xanïm"（娜依古丽夫人）等。"xanim"（太太）这一敬称有几种意思：①夫人，如："miynistirdïŋ xanïmï"（部长的夫人）、"zuŋtuŋnïŋ/pireziydenïttïŋ/elbasïnïŋ xanïmï"（总统的夫人）；②女士，如："Säliyma xanïm"（阿迪拉女士）、"Mariya xanïm"（玛利亚女士）。上面所说的两种意思都表示不同意义上的敬称。

"xanïm"（太太）既是通称，也是敬称，新中国成立前较流行的称谓，"xanïm"（夫人）称谓语在新中国成立前是对皇后或巴依的妻子使用的尊敬词。它是适用于女性的尊敬称谓语，如今它已成为在社会生活的各行各业中对所有女性广泛使用的通称。

名后 + "biykeš、boyjetken"（小姐、女士、姑娘）来称呼，

———————————
① 彭慧：《现代汉语女性称谓语研究》，17页，长沙，湘潭大学，2009。

如："aray biykeš"（阿热依小姐）、"gülzat boyjetken"（古丽扎提姑娘）等。新中国成立前，"biykeš、boyjetken"（小姐、姑娘）对未婚女性的敬称。新中国成立初期，这些称谓的使用范围开始逐渐缩小，一度受到排斥。改革开放以后，这一称谓因适应新交际需要，为了满足当时人们日益增长的新的需求，因而被人们重新启用。重新启用以后，该称谓的使用范围开始进一步扩大，现在某些场合中，无论未婚或已婚女性，无论年龄大或年龄小的女性，都可以被称呼为"biykeš"（小姐）。

名后 + "äpeke"来称呼，如："Sara äpeke"（萨拉大姐）、"Nurǧanïm äpeke"（努尔哈尼木大姐）等。对已婚或未婚女性的敬称，对熟悉或不熟悉的女性都可以适用。在陌生交际场合下，对年龄比自己大的女性可以使用这一称谓。哈萨克语中还有表示"姐姐"意思的"apa"一词，如："apalï-siŋili"（姐妹），但这一称谓指称的是"祖母、奶奶、母亲"，表示"姐姐"意思的功能很少，只有某些场合中才使用。

（二）哈萨克语中的年龄称谓语

它包括称呼人的年龄和被称呼人的年龄。称呼人会根据自己的年龄来确定交际对象的年龄。被称呼者的年龄并不是非常准确的年龄，因为人们交际过程中，对自己非常熟悉的人的年龄掌握得相当好，而与关系不太密切的人进行交往时，很难准确地掌握被称呼人的年龄。我们根据生活经验判断对方年龄的某些信息：首先确定交际对象是否成年，对方要是成年人的话称呼时一定要谨慎，否则会引起不少麻烦，甚至，双方的交际将会停止。而对未成年人则可随便一些，即使面称使用不当也不会出大事儿。其次是对年长于自己者，无论是正式场合，还是非正式场合，都应该用比较尊敬的面称称谓，否则对别人的不礼貌，会被认为缺乏教养。因此，可以说年龄是影响面称选择的最大的因素之一。在哈萨克语中，与年龄相关的称谓也不少，归纳起来主要有以下：

一岁前被称谓"šaqalaq、näreste"（婴儿、幼儿）；1岁至2岁被称谓"böpe"（小宝贝，指女孩儿）、"böbek"（小宝贝，指男孩儿）；3岁至4岁被称谓"büldiršin"（婴儿）；4岁至5岁被称谓"baldïrğan"（幼童，小孩儿）；5岁至7岁被称谓"säbiy"（乳儿）；7岁至12岁被称谓"oyïn balasï"（总角）；12岁至15岁被称谓"eresek bala"（舞勺之年）；15岁至19岁被称谓"bozbala"（舞象之年）；19岁至30岁被称谓"jas jigit"（而立之年）；30岁至40岁被称谓"dür jigit"（不惑之年、强壮之年）；40岁至50岁被称谓"er tülegi"（年逾半百）；50岁至60岁被称谓"jigit ağasï"（花甲）；60岁至70岁被称谓"qarasaqal"（古稀）；70岁至80岁被称谓"aqsaqal"（杖朝之年）；80岁以上被称谓"šal、qart、kärya"（杖朝之年）等。

年龄不同称谓语的选择上会产生或多或少的差异，许多称谓语正是由于年龄的差异形成的，所以说年龄与称谓语的关系更为密切。在哈萨克语称谓语里表示年龄的称谓有以下几个方面：

称谓语的指称对象，在年龄上有一个大体的范围。"jas

kelinšek"等的指称对象大概在 25 岁至 30 岁之间。"jigit、qïz"（小伙子、姑娘）等的指称对象大体在 20 岁至 30 岁之间。"boyjetken"（成年女子）等的指称对象大体在 20 岁至 25 岁之间的未婚的女性。"bäybiše、xanïm"等称谓语的指称对象应该是岁数较大的已婚女性。

加语缀来表示指称对象的年龄。"apay"（阿姨）、"jeŋgey"（嫂子）、"kelinšek"（小媳妇儿）、"qudaša"（指接亲双方的青年女亲属）等称谓就是通过"-y/-šek/-ša"等语缀来表示指称对象的年龄。"apa"一词在哈萨克语中有"祖母、奶奶、母亲"等几种意思，其后加"-y"词缀之后就可以变成"apay"（阿姨），这一称谓的使用范围逐渐被扩大，在现代哈萨克语中，它不受身份、职业、年龄的限制，只要比自己年龄大的女性都适用。词缀"-ša"表示未婚女子，如："qudaša"（指接亲双方的青年女亲属），"xanïša"（公主）等来表示指称对象的年龄。在哈萨克语中"-ša/-še, -šaq/-šek/-qay"等词缀是指小后缀，它们缀接在称谓后表示小的意义，如："kelinšek"（小媳妇儿）、"inišek"（小弟弟），"balaqay"（小宝贝、小家伙）等。

称谓语所适用的年龄，是通过语素的对立显现出来的。如：哈萨克语中"dayašï äyel"和"dayašï qïz"都是"女性服务员"之意，这两个称谓的指称对象的年龄差异，就是通过"äyel""qïz"两个语素来体现的，"dayašï äyel"的年龄比"dayašï qïz"要大一些；"muğalïm kelinšek"的年龄比"muğalïm qïz"要大一些。

（三）哈萨克语中的老年人称谓语

中华民族自古以来就有敬老的传统习俗，哈萨克族是中华民族的一部分，哈萨克族自古以来就有敬老、爱老、养老的优良传统，当然也有爱幼的传统。哈萨克族认为老人有着丰富的人生阅历和生活经验，这并非他们倚老卖老，确实有值得骄傲的地方，所以人们对老年人非常地尊重，俗话说："Peri bilmegendi käri biledi"（仙人不知老人知）等谚语都是对老年人的赞扬。无论正式场合或非正式场合中对老年人、长辈通常选择尊称，哈萨克语有几句谚语："Öz ağasïn ağalay almağan kisi ağasïn jağalay almaydï"（不尊敬自己长辈的人，不可能尊敬别人的长辈）、"Siz degen kišilik emes，kisilik"（说您不是贬低自己，而是人性）、"Öz özin sïylasa jat janïnan tüŋiler"（自爱之人，人皆爱之）、"Ağanï körip ini öser，apanï körip siŋili öser"（弟弟学着哥哥的举止成长，妹妹看着姐姐的样子长大）等充分证明了哈萨克人的礼貌原则与社会习俗。

在哈萨克语中有不少表示对老人尊敬的称谓语，对年老男性与女性的敬称有：第一，对年老男性的敬称有"atay"（老大爷、大爷）、"ata"（爷爷、老人）、"aqsaqal"（部落长辈、老人家）、"atatay"（对爷爷恳求时的称呼）、"ataš"（对爹或爷爷的昵称）、"qart"（老汉）、"kärya"（长者）、"ülken kisi"（大人，指男指女皆可）、"ülken adam"（大人，指男指女皆可）等。第二，对年老女性的敬称有"apa"（祖母、奶奶、姐姐）、"apajan"（表示对老大娘的尊称，表示对亲娘

125

的尊称）、"apaš"（对亲娘的昵称）、"äje"（祖母、奶奶）、
"äjey"（大娘、老大娘）、"bäybiše"（太太）、"šešey"（老
大娘）、"äjeke"（对祖母、奶奶的尊称）、"äjetay"（对祖母、
奶奶的尊称）等。

哈萨克语里还有对年老男性与女性的不尊重的、轻慢的
称谓，如："qaqbas"（老头子）、"quw bas"（老头子）、"šal"
（老头儿）、"kempir"（老太婆，含轻蔑意思）等。一般对老
人通常选择尊称，很少使用带有不尊重的、轻慢的称谓，这是
与老人进行社会交往时所考虑的主要因素之一。

（四）哈萨克语中的儿童称谓

哈萨克语的称谓多，对不同年龄的人使用不同的称谓。
哈萨克族是一个善良的，喜爱家人与孩子的民族，尊重长辈，
喜爱晚辈是哈萨克族代代相传的传统习俗，这些风俗习惯与
社会道德在哈萨克称谓语中明显地显现出来。哈萨克语中表
示儿童年龄的称谓主要有 "šaqalaq、näreste"（婴儿、幼儿）；
"böpe"（小宝贝，指女孩儿）、"böbek"（小宝贝，指男孩儿）；
"büldiršïn"（婴儿）；"baldïrğan"（幼童，小孩儿）；"säbiy"
（乳儿）；"oyïn balasï"（总角）等。还有表示亲属称谓的儿童
称谓，这些亲属称谓被泛化到社会生活的各个领域中的非亲属
关系的人们的人际交往中。如："ul"（儿子）、"qïz"（女儿）
等。

一般情况下对未成年人使用称谓时，就可以轻松些，如：
在哈萨克语里称呼儿童时多使用的称谓有 "balam"（孩子）、

"balaqay"（小宝贝）、"inišek"（小弟弟）、"qïzšaq"（小姑娘）等。

总的来说，语言中存在的表示年龄差异的称谓语，为人们正确使用称谓语提供了方便，因为年龄是影响称谓选择的最大的因素之一，在人与人的交际场合中，我们不得不考虑称谓对象的年龄因素。一般情况下，对未成年人就可轻松一些、随意一些，但对成年人就不能随意，对成年人使用称谓语时，要慎重考虑，不能违反习俗和习惯，一旦违反了习俗与习惯，就会引起笑话与麻烦，甚至引起称谓对象的不愉快和愤怒。

第九节　哈萨克语的校园称谓语

一、校园称谓语的定义

称谓语是日常语言的主要组成部分，校园称谓语也是如此。大学校园是一个新词层出不穷的地方，被称之为"小社会"的大学校园为校园称谓语的产生与社会称谓语的丰富创造了充足的条件。大学生是语言生活中最富有创造力，对新出现的事物以及社会上所发生的事件最敏感的年轻的社会群体。大学生对称谓语的使用一方面体现了他们年轻活力的自身特点，另一方面校园称谓语对整个社会潮流产生深刻的影响。

二、校园称谓语的称呼方式与交际作用

大学生的主要活动区域是大学校园，称呼对象主要有同学、老师、教职员工、辅助人员和其他陌生人等。

（一）对同学的称呼

同学与同学之间的关系是平等的，他们之间没有任何等级区分或利益关系，因此，称呼上没有社会人员的称谓那样错综复杂，同学之间的关系是比较随和且频繁的。两位美国学者布朗（Roger Brown）和吉尔曼（Albert Gilman）在"关于代词对称中的权势与同等语义关系"的研究中又提到同等关系概念，"同等"指的是亲近随和的统称形式。同等关系指的是一种同权势关系相对立的一种关系，也就是说交际双方都处于平等地位的关系，如夫妻、邻里、同学、朋友等。处于平等关系的交际双方之间没有任何支配与被支配的社会地位关系。因此，选择使用称谓语的机会是平等的，相互间的称呼是随意的。如：学生之间，尤其是大学生之间使用的称呼形式是多种多样的，无论是对同班同学，还是对其他同学经常使用的称谓形式主要有：直呼姓名、昵称、戏称、拟亲属称谓、零称谓等。当人际关系注重尊卑时，称谓语就会用敬称、谦称；当人际关系注重亲近关系时，称谓语就会使用昵称、拟亲属称谓等。在大学校园里，零称谓使用得不多，零称谓一般起不到交际功能，只引起对方注意，仅起到打招呼的礼貌作用。尤其是

对陌生人多采用"嗨""哎""这位""那位"等零称谓语。中华民族以"礼"而著称于世，人们以各种方式表达彼此之间的尊敬、友好和关心，运用称谓语来表达应有的礼节，在日常生活中是常见的。校园生活丰富多彩，同学之间的人际关系是平等的，大家年龄基本相仿，没有上下级等级区别，彼此之间的交流随意且频繁。年轻人热衷于使用新词，因而偏离于社会主流的词语，在大学校园里得到迅速发展。身处校园里的大学生们对社会人员的称谓语和适当的称呼语不甚了解，但同学们之间的称呼语是丰富多彩、各种各样的。深受主流文化的影响，哈萨克族大学生所使用的校园称谓语越来越多，内容也丰富多彩，校园称谓语的使用不仅可以展现本民族语言自身的优点以外，还体现了多民族语言的各种优势。在哈萨克族大学生里，尤其是在内地上大学的学生中比较流行的新词较多，对同学和其他人使用的称谓形式也是五花八门。哈萨克族大学生所使用的校园称谓语体现了多民族语言相互融合、相互影响的社会文化特点。校园里，同学与同学之间使用的称谓语里有汉语称谓词、俄语称谓词、英语称谓词、维吾尔语称谓词等，如："baypatïša"（土豪），"oqïwdïŋ piri, oqïwdïŋ tübin tusirgiš"（学霸），"šäkirt siŋili"（师妹），"šäkirt ini"（师弟）等称谓语来自于汉语；"bratan"（兄弟），"jeviška"（姑娘）等称谓语是从俄语借来的词语；"ädaš"（朋友），"pordaq"（窝囊），"qïzšaq"（小姑娘）等称谓语来自于维吾尔语；"stiwdenït"（大学生），"sporïtši"（运动员），"baskiytbolši"（篮球运动员），"boksorši"（拳击运动员）等词语来自于英语。

在哈萨克族大学生中，对舍友直呼其名，这种称呼方式虽然反映了大学生之间的平等关系，但是体现不出他们之间的亲密关系。因此，哈萨克族大学生一般很少用全名，而使用人名敬称，即人名后加各种附加成分来表示对被称呼者的尊重，这样能缩小双方之间的距离，可以拉近双方的亲密关系。

人名敬称是称呼者对被称呼者的尊敬，主要是长辈对长辈或同辈之间的敬称，也是哈萨克族大学生对舍友多使用的称谓方式，人名敬称在男生当中使用得较多。如：muqa"小穆"（muqatay"穆哈太"）、nureke"小努"（nursultan"努尔苏力坦"）、ereke"小叶"（erkinbek"叶尔肯别克"）等。这种称呼形式不会影响被称呼者的名字，反而会加强对被称呼者的感情色彩，使有些复杂称呼的人名简单化，给双方的交际关系与交往创造更方便的条件与环境。

对同学的称呼除了直呼姓名外，多使用的称呼形式主要有拟亲属称谓、昵称和戏称等，如：使用的拟亲属称呼有"bawïrïm"（兄弟）、"ağa"（哥哥）、"äpeke"（姐姐）、"apay"（阿姨）、"ağäy"（叔叔）、"inišek"（弟弟）、"siŋilim"（妹妹）、"qarïndas"（妹妹）等。

对同学使用的昵称。昵称即亲昵、喜爱的称呼，能表示亲近和喜爱。它一般用在非正式的场合，昵称是非常活跃的，它是能够拉近说话者与听话者之间关系的最直接的语言表达形式。大学生是时代的弄潮儿，充满活力和朝气，富于幻想和创造性。他们不拘泥于中国传统的用姓名来称呼别人的称谓方式，流行在同学之间的校园称谓五花八门。在哈萨克族大学生里对同学与其他人使用的昵称有："bratan"（兄弟）、"uzïntïra"（大个子）、"jeviška"（姑娘）、"mawbas"（睡虎子）、"qaŋğïbas"（游荡者）、"qara domalaq"（黑胖黑胖的）、"qazanbas"（大头儿）、"juwanbas"（大头儿）、"jïndï qïz"（傻丫头）、"tapal"（矮子）、"qoŋqïmurïn"（大鼻子）、"oqïwdïŋ piri"（学霸）、"päle"（厉害的，能干的）、"tïrna"（鹤）等。除此之外，对校友的称呼还有："usäpeke"（学姐）、"usağa"（学长）、"usini"（学弟）、"usqarïndas"（学妹）、"šäkirt siŋili"（师妹）、"šäkirt ini"（师弟）等。

对同学使用的戏称。表示戏谑的色彩，常在比较亲近的人之间使用，以开玩笑的口气称呼。如：称一心读书，不问时事的人为"书呆子"等。在大学校园里，哈萨克族大学生之间多使用的戏称有："jïrtïq"（爱吹牛的）、"sïğan"（小气）、"qarağa ilesip oqytïndar"（学渣）、"alqaš"（酒鬼）、"pomešik"（土豪）、"esirik"（小丑）、"könešil"（土老帽）等。

尽管说话人不带有恶意，但戏称一般还是不宜随意用，否则可能引起对方的反感，甚至引起纠纷，给交际双方带来不必要的麻烦。

在哈萨克族大学生之间多使用的称谓还有"sabaqtas"（同学）等，在校园里向别人求助时（如：问路、帮忙等），对貌似是学生的人都可称呼为"sabaqtas"（同学），这充分体现了校园称谓语的随意性与学生之间的亲近随和的平等关系。

（二）对老师的称呼

社会称谓是社会结构、人际关系的符号。社会交往过程中，常常需要借助各种各样的称谓语来确认称呼者与被称呼者的社会角色与社会身份，如教师与学生、行政领导与教职工等。社会关系是极其复杂的，也是极其讲究的，但学校环境里的称谓语比起社会主流称谓比较随意，而且简单一些，大多数情况下，无论是大学行政领导，还是专任老师都被称为"老师"。学生对老师称呼的方式主要有："ustaz"（老师），"muğalïm"（老师），"ati-jönï+muğalïm"（姓名＋老师），"pän atawï+ muğalïm"（学科＋老师）等。如："muqtar muğalïm"（穆合塔尔老师），"jumatay muğalïm"（居马泰老师），"xanzu tili muğalïmï"（汉语老师），"mïwzïyka muğalïmï"（音乐老师）等。哈萨克族大学生有时使用拟亲属称谓来称呼老师，如："erkin ağa"（叶尔肯大叔），"mayïra äpeke"（玛依拉大姐）等，大学生选择"ağa"（叔叔），"äpeke"（大姐）等亲属称谓是对长辈与知识分子的尊称。大学生使用亲切的称呼方式来表示对老师的尊重。

哈萨克斯坦哈萨克族学生与我国哈萨克族学生对老师的称呼语有或大或小的差异，我国哈萨克族大学生当中，塔城地区的哈萨克族学生普遍使用apay"（阿姨）、"ağay"（叔叔）等称谓来称呼女老师与男老师，而我国其他地区基本上使用"muğalïm"（老师）这一称呼。哈萨克斯坦南部地区的学生对老师使用的称呼有："äpke"（大姐）、"äkpe"（姐姐）、"äpše"

（姐姐）、"äpče"（姐姐）、"šešey"（大娘）等。而西部地区的学生对老师的称呼有："apa"（大娘），"äpeke"（大姐）等。哈萨克斯坦其他地区的学生当中较为流行的对老师使用的称呼语有："apay"（阿姨）、"ağay"（叔叔）等。[①]在那里平时很少听到"muğalïm"（老师）"这一称谓。

（三）对教职员工、辅助人员等的称呼

由于学校职业分工不同，称呼对象设定为：行政管理人员、图书馆管理员、辅导员、后勤处管理人员、公寓管理人员等。哈萨克族大学生称呼教职员工和辅助人员的形式较少，主要有"职业称""亲属称""零称谓"等称呼形式。"老师"是教学生知识的人，用以尊称传授文化、技术的人，泛指在某方面值得学习的人。老师初指年老资深的学者，后来把教学生知识的人也称为"muğalïm"（老师）。"muğalïm"在学生心目中代表着知识、前辈。大学生对老师非常崇拜，学生对老师的人性品德与文化修养给予很高的评价，因此，大学生对学校的教职员工和辅助人员多使用的称谓形式是"muğalïm，ustaz"（老师），由于对教职员工和辅助人员没有专门称呼语，而且学校是教授某一项或一些专门技术的地方，学校里不凸显称谓对象的权势身份与社会地位，因此，"muğalïm, ustaz"（老师）就成了学校里通用的职业称谓语。

[①]　Ayman qobïlanova: qazaq söz ätyketi, almatï: joğarï attestassyanïŋ komyssyanïŋ baspa ortalïğï, 2001.

（四）对陌生人的称呼

大学生平时需要求助别人时，凭借自己的生活经验并且根据对方的年龄，使用适当称谓来称呼对方。哈萨克族大学生对陌生人多使用的是"亲属称谓"，如："bawïrïm"（兄弟）、"äpeke"（姐姐）、"apay"（阿姨）、"aǧay"（叔叔）、"inišek"（弟弟）、"siŋilim"（妹妹）、"qarïndasïm"（妹妹）等。特别是对于来自偏远地区且汉语水平较低的哈萨克族大学生来说，希望能得到其他"学姐""学长"的帮助，在与他人交流学习上遇到的困难时能少走些弯路，这样的称呼方式能起到事半功倍的效果。哈萨克族大学生对陌生人也多使用零称呼形式。这种零称呼形式使用的也较多，请求别人帮忙时，称呼者与被称呼者之间就会形成权势关系，"权势"指的是一种礼貌客气的尊称形式，在"权势关系"中交际双方处于不平等的社会关系中，被称呼者处在较高的地位，称呼者处在较低的地位。对陌生人请求帮忙时，为了讨好对方，求助者对对方要表示尊敬，话语里一定要表现出谦虚与尊重。权势低的一方称呼权势高的一方时，一般使用"sälemetsiz be"（您好）、"äwireleytin boldïm"（麻烦您）、"tura turïŋizši"（您等一下）等称呼形式来称呼。也使用"ustaz"（师傅）、"mirza"（先生）、"bykeš"（小姐）、"boyjetken"（姑娘）、"aǧa"（哥哥）、"äpeke"（姐姐）、"azamat"（小伙子）、"joldas"（同志）等通称形式。

三、哈萨克族大学生拟亲属称谓语的习得情况

大学校园称谓语是丰富多彩的，它不仅能体现大学生年轻充满活力的自身特点，而且能对社会称谓语的丰富与发展起到不可忽视的作用。研究大学生校园称谓语的使用情况，可以指导社会交往中对称谓语的适当使用。

"亲属称谓语是指互相有直接或间接的血缘、婚姻、法律等关系的亲戚和亲属的名称。"① 拟亲属称谓语是借用亲属称谓语来称呼非亲属关系的人，也叫做"亲属称谓语的外化或泛化"。拟亲属称谓语以新的形态来承载社会的使命，以新的面貌来补充与添补社会称谓语的不足之处。用亲属称谓语来称呼非亲属人员，视对方为自己的亲人，视自己与对方有某种亲属关系。拟亲属称谓语是把家庭亲缘关系扩大到朋友之间与学生当中去。

笔者曾经对在中央民族大学二年级、三年级的哈萨克族大学生做过称谓语使用的调查，通过实地调查与问卷调查发现，现在亲属称谓语在哈萨克族大学生中有一种广泛的泛化的趋势。低年级学生称呼高年级学生时，以亲属称谓来称呼，多使用的亲属称谓语主要有 "ağa"（哥哥）、"äpeke"（姐姐）、"ağäy"（哥哥）等；而高年级学生称呼低年级学生时，多使用的亲属称谓语主要是 "bawïrïm"（兄弟）、"inišek"（弟弟）、"siŋilim"（妹妹）、"qarïndasïm"（妹妹）等。对学生的调查

---

① 靳晓红：《大学生称谓语的习得》，162 页，载《中国成人教育》，2008（7）。

中还发现，大部分哈萨克族大学生不知如何称呼交际对象时，会毫不犹豫地选择亲属称谓语来称呼非亲属关系的人，其目的是：一是视对方为亲戚来对待；二是认为这样做能拉近双方之间的心理距离，为接下来的话题打好基础。如："äpeke"（姐姐）、"apay"（阿姨）、"ağay"（叔叔）、"jeŋgey"（嫂子）、"atay"（大爷）、"täte"（大姐）等。

这种称呼形式与他们的家庭生长环境、学校教育与民族的社会文化等有着密切的关系，亲属称谓语是亲属关系的载体，使用亲属称谓语来称谓非亲戚关系的人正符合哈萨克民族的心理。

四、性别对哈萨克大学生称谓选择的影响

性别不同，在语言的使用中会表现出相应的差异性，这种差异性几乎是每一种语言中或多或少都存在的现象。大学校园称谓中女生与男生所选择的称谓方式是有显著差异的。女孩子都喜欢别人把自己看得更年轻，她们更喜欢自己在别人眼里娇小可爱。女孩子都喜欢男孩子使用"arïw qïz"（美女）、"sïmbattï qïz"（美女）、"ädemï qïz"（美女）、"periyzat"（仙女）、qarïndas（小妹）等亲切的称谓语，正迎合了女孩子们爱美、年轻漂亮的心理素质，这样的称呼方式有利于交际双方的进一步交流。女孩子对男孩子称呼多为"kelbettï jigit"（帅哥）、"atpal azamat"（强壮的小伙子）、"qarïwlï jigit"（身体强壮的男子汉）等。男孩子与男孩子之间更喜欢使用既亲热又

彰显义气的称谓语，多选择"ağayïn"（兄弟）、"dos"（哥们儿）、"bawïr"（兄弟）等称谓语，这种称谓语能起到活跃气氛的作用，展示了男孩子的男子汉义气。男生多使用带有尊重色彩的人名敬称，称呼对方姓名时，很少使用全名，而人名后加附加成分来称呼被称呼的对方，以示尊敬。如："muratbek"（木拉提别克）被称呼为"müke"（小木），"darïnbek"（达仁别克）被称呼为"däke"（小达）等。

这种人名敬称的称呼方式女生之间很少使用，女生之间使用昵称的比率高于男生，女生之间多选择"arïw"（美女）、"sulïw"（美丽）、"perïyzat"（仙女）等昵称使被称呼者感到心情愉快，迎合了女生的爱美之心。男生之间使用"dosïm"（朋友）、"inišegim"（小弟）、"ağa"（哥哥）、"bawïr"（兄弟）等亲属称，正迎合了男生的男子汉气概与男子汉义气。"arïw"（美女）这一称谓既可以女生之间使用，也可以男生对女生使用。但"kelbettï azamat"（帅哥）只适合于女生对男生使用，而不适合于男生之间使用。

总之，哈萨克大族学生选择称谓形式中，正呈现出亲属称谓向非亲属称谓发展的趋势，即亲属称谓语的泛化现象。亲属称谓语的泛化现象大体上受两个方面的因素：第一，受语言的亲密程度的影响；第二，性别的差异决定了大学生的称谓语选择。大学生有时候在不知对方的身份、年龄、姓名的情况下，不知道如何称呼交际对象，这是语言中的"缺环"现象。因此，规范哈萨克语的称谓语系统，对哈萨克族大学生进行合理引导，是语言学家们刻不容缓的责任。

第三章　哈萨克语社会称谓语的构成手段

第一节　称谓语的综合性手段与分析性手段

一、称谓语的综合性手段与分析性手段的概念及其分类

语法手段就是指语言中构成语法形式的方式。如：哈萨克语中在名词词根或词干后加"-lar/-ler，-dar/-der，-tar/-ter"等复数词尾构成表示复数的语法形式。语音物质材料（音位及其组合、重音、语调、词序等）是用以表达语法意义的语法形式，把各种语法形式归纳起来就得到表达语法意义的手段。也可以说是语法手段就是语法形式的概括，语法形式概括出来的类别就叫语法手段。所谓语法手段分为综合性手段和分析性手段等两大类。综合性手段体现在一个词的内部，由形态变化表现出来。分析性手段体现词和词之间，由非形态变化表示，属于综合性手段的有词缀、内部屈折、重音、重叠、零形式等。属于分析性手段的有语序、虚词和语调。

以综合性为主的语言称为综合性语言，以分析性为主的语言称为分析性语言，哈萨克语的形态结构为黏着语类型，是形态发达的语言，词根或词干前后加前缀或后缀，或改变其词尾形式，因此，可以说哈萨克语属于综合性语言，但哈萨克语里也有分析性语言的特点。

二、哈萨克语称谓语中的综合性手段

现代哈萨克语中的大部分社会称谓语是由综合性手段构成的。那什么是综合性手段呢？所谓的综合性手段是使用附加成分来构词的语法手段。哈萨克语附加成分有两种，一个是构词附加成分，还有一个是构型附加成分。综合性语法手段主要有重音、附加成分、音位交替、异根及重叠等。综合性语法手段的表现形式落在词本身，这时，词既表示词汇意义，也表示语法意义。[①]

哈萨克语中的综合性方式主要是附加成分来构成的，即词根或词干前后加附加成分来创造称谓语，这是称谓语最主要的生成方式。"一个词中不体现具体的基本词汇意义、不能独立成词的部分是附加成分。附加成分包括词缀和词尾。附加成分与词根相对立，一个词中，词根以外的部分都是附加成分。"[②]附加成分是语音上依赖于词干的一部分，因而它是个别

[①]　倪杭英、鲁肃：《英汉语言语义对比——论词汇意义的民族性及语法手段的差异》，57页，载《学术研究》，2002（5）。

[②]　张定京：《现代哈萨克语实用语法》，15页，北京，中央民族大学出版社，2004。

语音变体的总和。附加成分没有独立的词汇意义，它只是和词干结合在一起时，才获得与词干统一的语义。[①] 哈萨克语中，附加成分按它的语法作用可分为词缀和词尾两类。

（一）词缀

词缀是缀接在词根或词干上添加新的抽象的词汇意义从而构成新词的附加成分。它也叫构成附加成分。词缀按其在词中所处位置，通常可分为前缀、中缀、后缀三种。哈萨克语的词缀主要是后缀，也有少量的前缀，没有中缀。

词根或词干上加了后缀这种附加成分后，就派生出新称谓词来，哈萨克语的后缀特别发达，通过后缀派生出大量的新词。

1. "-šĭ/ši" 等词缀缀接在名词词干上，构成新称谓，表达"某种职业的从事者或某种活动的擅长者"

例如：

"jumïs"（事）+ "-ši" — "jumïsši"（工人）

"qïzmet"（工作）+ "-ši" — "qïzmetši"（工作人员）

"xat"（信）+ "-ši" — "xatši"（秘书）

"oqïw"（学习）+ "-ši" — "oqïwši"（学生）

"qïzmet"（工作）+ "-ši" — "qïzmetši"（工作者）

"balïq"（鱼）+ "-ši" — "balïqši"（渔夫）

"än"（歌）+ "-ši" — "änši"（歌手）

"etik"（鞋）+ "-ši" — "etikši"（鞋匠）

---

① 格拉吉丁·欧斯满编著：《简明哈萨克语语法》，37 页，北京，民族出版社，1982。

"temir"（铁）+ "-ši" —— "temirši"（铁匠）

"til"（语言）+ "-ši" —— "tilši"（记者）

"aqïl"（智慧）+ "-ši" —— "aqïlši"（顾问）

"örmek"（土制织机）+ "-ši" —— "örmekši"（织工）

"örim"（编织物）+ "-ši" —— "örimši"（编织者）

"ösyet"（遗嘱）+ "-ši" —— "ösyetši"（立遗嘱的人）

"mal"（牲畜）+ "-ši" —— "malši"（牧民）

"bal"（占卜）+ "-ši" —— "balši"（算卦者）

"orman"（森林）+ "-ši" —— "ormanši"（护林员）

"ağaš"（树木）+ "-ši" —— "ağašši"（木匠）

"süt"（奶子）+ "-ši" —— "sütši"（卖牛奶的人）

"satw"（卖给）+ "-ši" —— "satwši"（卖主）

"qoy"（羊）+ "-ši" —— "qoyši"（牧羊人）

"jïlqï"（马）+ "-ši" —— "jïlqïši"（牧马人）

"dombïra"（冬不拉）+ "-ši" —— "dombïraši"（弹冬不拉的人）

"jaw"（敌人）+ "-ši" —— "jawši"（使者）

"qaraq"（偷盗）+ "-ši" —— "qaraqši"（强盗）

哈萨克语词缀的用法非常灵活，有时可缀接在词组之后构成新的称谓词，如：

"mal küzetïw"（看牲畜）+ "-ši" —— "mal küzetïwši"（看牲畜的人）；

"toy basqarw"（主持婚礼）+ "-ši" —— "toy basqarwši"（主持婚礼的人）；

"qïrman küzetiw"（看麦场）+"-šï"—"qïrman küzetiwšï"（看场的人）；

2. 加在形容词之后构成社会称谓，表示具有原词所指性质特征的人

例如：

qošamet 献媚 +"-šï"—"qošametšï"（拍马屁者，献媚者）爱献媚，奉承的人

arïz（告状）+"-šï"—"arïzšï"（诬告者，打小报告者，爱告状的人）

ötirik 虚假的、伪善的 +"-šï"—"ötirikšï"（撒谎者，虚伪者）

šapaǧat 恩情，大恩 +"-šï"—šapaǧatšï（恩人，救命恩人）

3. "-las/-les/-das/-des/-tas/-tes"等词缀缀接在名词词干上，也构成新称谓，表示"具有某种共同特征的人"

例如：

"jol"（路）+"-das"—"joldas"（同志、同路人）

"sabaq"（课）+"-tas"—"sabaqtas"（同学）

"zaman"（时代）+"-das"—"zamandas"（同代人、同岁者）

"qarïn"（肚子、腹部）+"-das"—"qarïndas"（妹妹）

"el"（部落）+"-des"—"eldes"（同部落的人）

"at"（名字）+"-tas"—"attas"（同名人）

"qïzmet"（工作）+"-tes"—"qïzmettes"（同事）

"jer"（地方）+"-les"—"jerles"（老乡）

"käsip"（行业）+"-tes"—"kasiptes"（同行）

"bawïr"（腹部）+"-las"—"bawïrlas"（同胞）

"qalam"（钢笔）+ "-das" —— "qalamdas"（笔友）

4. " -paz，-qor，-ker/ger，-keš，-man/men" 等词缀借自波斯语，缀接在某些名词词干上，构成意为"有某种手艺、嗜好、特长的人"的称谓语

例如：

"as"（饭食）+ "-paz" —— "aspaz"（厨师）

"öner"（手艺）+ "-paz" —— "önerpaz"（手艺人）

"bilim"（知识）+ "-paz" —— "bilimpaz"（有学识的人）

"qumar"（赌博）+ "-paz" —— "qumarpaz"（赌徒）

"aqïl"（智慧）+ "-göy" —— "aqïlgoy"（智囊）

"sawda"（贸易）+ "-ger" —— "sawdager"（商人）

"qalam"（钢笔）+ "-ger" —— "qalamger"（有写作能力的人）

"bal"（算卦）+ "-ger" —— "balger"（占卜者）

"qïzmet"（工作）+ "-ker" —— "qïzmetker"（工作人员）

"talap"（要求）+ "-ker" —— "talapker"（原告、起诉人）

"jawap"（答复）+ "-ker" —— "jawapker"（被告人）

"qayïrat"（干劲）+ "-ker" —— "qayïratker"（活动家）

"oral"（回来）+ "-man" —— "oralman"（回归者）

"arba"（马车）+ "-keš" —— "arbakeš"（车夫）

"körer"（看）+ "-men" —— "körermen"（观众）

"kire"（运货）+ "-keš" —— "kirekeš"（脚夫、骆驼客）

"qïlmïs"（罪行）+ "-ker" —— "qïlmïsker"（罪犯）

"araq"（酒）+ "-keš" —— "araqkeš"（酒鬼）

5. " -šaq/-šek，-ša/-še，qay" 等这些词缀构成指小意义的

称谓语，缀接在名词词干上，构成意为"某种小而可爱的人或事物"的称谓语

例如：

"qïz"（姑娘）+ "-šaq" — "qïzšaq"（小姑娘）

"ini"（弟弟）+ "-šek" — "inišek"（小弟弟）

"kelin"（媳妇）+ "-šek" — "kelinšek"（小媳妇）

"quda"（亲家公）+ "-ša" — "qudaša"（指接亲双方的年轻女亲属）

"xan"（汗）+ "-ša" — "xanïša"（公主）

"bala"（孩子）+ "-qay" — "balaqay"（小宝贝）

前缀是缀接在词根或词干之前构成新词的词缀。以上都是由后缀构成新称谓的实例。哈萨克语的前缀主要是来自于阿拉伯—波斯语，数量少且能产性差。它们是 bey- 等，表示否定之意。如：

bey+tanïs（熟人）—beytanïs（陌生）

（二）词尾

词尾是缀接在词十后表达种种语法意义的附加成分。哈萨克语中在名词词根或词干后加 "-lar/-ler, -dar/-der, -tar/-ter" 等复数词尾构成表示复数的语法形式，但称谓语后加复数词尾，既表示复数的语法形式，也指称交际对象。如：

"xanïm"（女士）+ "dar" — "xanïmdar"（女士们）

"mïrza"（先生）+ "lar" — "mïrzalar"（先生们）

"jetim"（孤儿）+ "der" — "jetimder"（孤儿们）

"qart"（老人）+ "tar" — "qarttar"（老年人们）

"jigit"（小伙子）+ "ter" — "jigitter"（小伙子们）

"'称呼'是言语交际过程中说话者运用名称或其他方式呼喊对方或提及其他人的词语形式。"① 哈萨克语中的这些复数称谓语当面打招呼用时，表示彼此之间的社会关系，在交际双方的社会交际活动中必然能起到呼语作用。

三、哈萨克语称谓语中的分析性手段

所谓的分析性手段是由个别词的变格形式来表达意义的手段，也就是说通过词根加词根的分析方式构词的一种方式。分析性手段体现在词和词之间，由非形态变化表示，属于分析性手段的有语序、虚词和语调等。哈萨克语是形态变化较发达的语言，它大量的语法意义是通过形态变化手段来表达的。哈萨克语中词与词的关系主要靠各种各样的形态变化来表示，因此，可以说分析性手段起的作用就小一些，但也不能完全否定分析性手段在哈萨克语中的作用。

语序是通过句法结构中词语的位置顺序来表示一定语法意义的手段。各种语言都有语序这一形式，但语序的作用有所不同，如果词与词关系主要靠形态变化表示，语序起的作用就小一些，如果缺少形态变化，语序的作用就大一些。一种语言中具体的语序可以有很多，形式和意义各不相同。如：哈萨克

① 君晓静、宫志起：《称谓语的使用原则》，182页，载《现代企业教育》，2006（15）。

语称谓语"äyel doxtïr"（女医生）与"äyel saqšï"（女警察）的中心词是"doxtïr、saqšï"，表达定中关系意义，而"doxtïr äyel"（当医生的女人）与"saqšï äyel"（当警察的女人）的中心词是"äyel"，"doxtïr、saqšï"是它的前置修饰语。

由分析性手段构成的社会称谓还有合成称谓、偏正式称谓、支配式称谓、主谓式称谓等。

（一）合成称谓

由两个或两个以上的组合而成的词是合成词。哈萨克语中合成词根据其构成方式分为四种类型：派生式、复合式、重叠式、简缩式等。[①]哈萨克语称谓语的生成方式也是利用这些方式创造的。

1. 派生式称谓语

由一个词根缀接词缀构成的合成词是派生式合成称谓语，简称为派生称谓语。如：由词根"bil"（知道）加各种的词缀构成的派成称谓语有："bilimpaz"（博学者）、"biliwšï"（知情人）、"bilgiš"（灵通人士）等。

由词根"bas"（头）派成出来的派成称谓语有："basšï"（领导）、"bastïq"（首长）、"bastawšï"（带头人、带领者）、"basqarïwšï"（管理者、主持者）、"basqïnšï"（侵略者）等。

由词根"xan"（汗）派成出来的派成称谓有："xanïm"（王后）、"xanïš"（公主）、"xanïša"（公主）、"xanzada"（王子）等。

---

① 张定京：《现代哈萨克语实用语法》，18页，北京，中央民族大学出版社，2004。

2. 复合式合成词

由词根与词根复合而成的合成词是复合式合成词，简称复合词。从两个词根结合的紧密程度与书写方式看，哈萨克语复合称谓语分为以下几类。

（1）融合型称谓语

即两个词根复合后发生一定的语音变化，融为一体的复合称谓，如："qayïn"（岳父家）+ "ağä"（哥哥、叔叔）——"qaynağa"（大舅子）

"ağä"（哥哥）+ "ini"（弟弟）——"ağäyin"（亲戚、亲族）

"alïp"（巨人）+ "bastï"（头）——"albastï"（魔鬼、坏蛋）

"alla"（安拉）+ "yar"（保佑）——"aldïyar"（陛下）

"peri"（仙人）+ "zat"（人）——"peryzat"（仙女）

"baq"（花园）+ "ban"（bağïw 看管）——"bağban"（园丁）

"adam"（人）+ "zad"（后裔、子孙）——"adamzat"（人类）

（2）黏合型称谓语

即两个词根连接紧密，保留原形而连写的复合称谓词。如：

"aq"（白）+ "saqal"（胡子）——"aqsaqal"（老人、老者）

"asil"（珍贵的）+ "zada"（后裔）——"asïlzada"（出身显贵的人）

"boy"（身材）+ "jetken"（长大）——"boyjetken"（姑娘）

"qayïn"（岳父家）+ "byke"（对姑娘的昵称）——"qayïnbyke"（大姨子）

"qazan"（锅）+ "bas"（头）——"qazanbas"（大头儿）

"uzïn"（长）+ "tïra"（tïrna 鹤）——"uzïntïra"（高个头儿）

"bek"（伯克）+ "zada"（后裔）— "bekzada"（贵族）

"bek"（伯克）+ "zat"（人、后裔）— "bekzat"（权贵）

"xan"（国王）+ "zada"（后裔）— "xanzada"（王子）

"qïran"（雀鹰）+ "sari"（黄的）— "qïransarï"（对皮肤黄的，且警惕性较高的人的称呼）

"awïl"（阿吾勒）+ "basï"（头）— "awïlbasï"（阿吾勒的头人）

"jüz"（一百）+ "basï"（头）— "jüzbasï"（百户长）

"oq"（子弹）+qağar（阻挡、挡住）— "oqqağar"（保镖）

"mïŋ"（千）+ "basï"（头）— "mïŋbasï"（千户长）

（3）意合型称谓语

即两个词根结合的不甚紧密，看上去像词组，实际上已凝结为一个词的，书面上分写的称谓。如：

"orman"（森林）+ "qorğawšï"（保护者）— "orman qorğawšï"（护林员）

"mal"（牲畜）+ "däriger"（医生）— "mal därigerï"（兽医）

"keden"（海关）+ "qïzmetkeri"（工作人员）— "keden qizmetkerï"（关务员）

"bas"（头）+ "redaktor"（编辑）— "bas redaktor"（主编）

"mïwzïyka"（音乐）+ "orïndawšï"（演奏员）— "mïwzïyka orïndawšï"（音乐演奏员）

"qamba"（仓库）+ "basqarïwšï"（管理员）— "qamba basqarïwšï"（仓库管理员）

"amandïq"（安全）+ "qorğawšï"（保护者）— "amandïq

qorğawšī"（保安人员）

（4）对偶型称谓语

即由两个意义相近或相反的词根（词干）构成的、书写时用连字符"-"连接的复合称谓。如：

"äke"（父亲）+"šeše"（母亲）—"äke-šeše"（父母）

"ağa"（哥哥）+"ini"（弟弟）—"ağa-ini"（兄弟）

"dos"（朋友）+"jaran"（诸位）—"dos-jaran"（友人、亲人）

"urï"（小偷）+"qaraqšï"（土匪）—"urï-qaraqšï"（盗贼）

"ürim"（子孙）+"butaq"（后代）—"urï-qaraqšï"（后裔）

"el"（民众、人民）+"jurt"（大众、人们）—"el-jurt"（群众、众人）

"qïz"（姑娘）+"qïrqin"（少女）—"qïz-qïrqïn"（姑娘们）

"ul"（男孩儿）+"qïz"（女孩儿）—"ul-qïz"（男孩儿和女孩儿）

"qïz"（姑娘）+"kelinšek"（少妇）—"qïz-kelišek"（姑娘少妇）

"bala"（孩子）+"šağa"（孩子）—"bala-šağa"（孩子们）

"oqïwšï"（学生）+"oqïtïwši"（老师）—"oqïwši-oqïtïwši"（教师与学生）

（5）重叠型称谓语

是通过重叠某个词来表达语法意义的语法手段。哈萨克语的实词词类几乎都可以重叠。哈萨克语的称谓也是利用这种语法手段来构造的。如："qïz-pïz"（姑娘什么的），"dos-pos"

（朋友什么的），"kisi-misi"（人什么的）等。

（二）偏正式称谓

偏正式是由两个词根按照一定的顺序排列起来，前一个词根（从不同角度）修饰或说明后一个词根，在整个意义的构成上，以后一个词根为主的造词方式。其中，修饰或说明名词性词根的一般为形容词、名词或数词性词根。根据偏正式构成的两个词素之间的关系，可以将偏正式称谓分为定中型和状中型两种。

1. 定中型

（1）名词 + 名词 = 名词

"awïl bastïğï"（乡长）；"bay dïyqan"（富农）；"zat satïwšï"（售货员）；"kömekšï saqšï"（协警）；"komekšï sestïra"（助理护士）；"jawaptï redaktor"（责任编辑）；"jawaptï doxtïr"（责任医生，主治医生）；"jalaŋayaq doxtïr"（赤脚医生）；"nan jabïwšï"（打馕的人）；"nur jobalawšï"（灯光设计者）等。

另外，通过后一个词的最后一个字母缀加第三人称附加成分"+ï/i"来构成偏正式称谓，例如：

"mekeme bastïğï"（局长）；"tazalïq jumïsšïsï"（清洁工人）；"mektep bastïğï"（校长）；"jambïl begi"（衙门大人）；"tïwït anasï"（产婆，接生婆）；"sayaqat jetekšïsï"（导游）；"temir jol qïzmetkerï"（铁路职工）等。

（2）形容词 + 名词

"bas sotšï"（审判长）；"bas prokïratïwra"（检察长）；"ağa

iyinjener"（高级工程师）;"aǧa sestira（高护）;"qara qursaq"
（文盲）;"sayasïy kömiyissar"（政委）等。

由一个数词性语素词性成分和名词性成分构成的称谓。
例如:"jüz basï"（百户长）;"on basï"（十户长）;"mïŋ
basï"（千户长）;"mïŋbegi"（千总）等。

2. 状中型

如:alïp satar/alïp satarlar（买卖人）等。

alïp satar 这个状中型是哈萨克语复合动词 alïp 和 sat 加 ar
构成的语法形式，而这里的 ar 形式是形动词，当做名词使用
的情况。

（三）支配式称谓语

由处于支配和被支配关系中的两个词根结合起来构成新
词的造词方式叫支配式造词法。用这样一个造词方法构成的称
谓叫做支配式称谓。其中，处于被支配地位的词根一般为名词
性词根，处于支配地位的词根一般为具有及物意义的动词词
根。这种称谓语的内部结构有点像句法上的动宾关系，不同的
是句法上这种关系构成动宾词组，而在造词法上只创造出一个
称谓词。例如:"at baǧar"（牧马人）;"bas keser"（凶手，刽
子手）;"iz basar"（接班人）;"esik baǧar"（看门人）。

（四）主谓式称谓语

词根与词根通过被陈述和陈述关系结合起来构成新词的
方式叫主谓式造词法。其中，被陈述的对象在前，一般由名词

性词根充当；陈述部分在后，一般由动词或形容词性词根充当。主谓式造词法在现代哈萨克语中不多见，如："satïpaldï"（领养的，收养的），"baǧïpaldï"（继子或继女）等。

第二节　用"说明法"创造的称谓语

一、"说明法"的定义

用"说明法"来创造称谓语，是最主要构成称谓语的生成方式。"说明法"是"通过对事物加以说明从而产生新词的构词方法"。[①]"人们给事物命名时，为了使大家对该事物能有所了解，就用现有的语言材料对事物作某些说明，并以此确定名称产生新词。"[②]

二、哈萨克语中通过"说明法"创造的称谓语

这里我们先来看一下词的内部形式，词的内部形式是词义最初形成时反映事物对象的特点所采用的形式，它为词形所制约和固定。即词的内部形式就是用某个语音表达某个意义的理据。与那些不具有内部形式的无理词相比，具有内

---

① 马宏基、常庆丰：《称谓语》，21页，北京，新华出版社，1998。
② 葛本仪：《汉语词汇研究》，56页，山东，山东教育出版社，1985。

部形式的有理词的词汇意义易于掌握，也易于记忆。曾经在哈萨克语中风行一时的称谓语，很快被其他称谓所取代了，如："delegatsïya"（代表团），"revolystsyaši/gïmyïŋšï"（革命家），"könperensya ağasi"（会议主持人），"jïwšïy"（主席），"deŋjaši"（店家）等称谓语很快被"wäkilder üyirmesi"（代表团），"töŋkerisšï"（革命家），"mäjilis basqarïwši"（会议主持人），"törağa"（主席），"magazïnši"（店家）等称谓语所代替。

第三节　通过翻译手段来创造的哈萨克语称谓语

一、翻译手段的解释与构造方式

　　语言是随着时代的变化而持续发展的一种社会现象，在我国，哈萨克语中的大多数称谓语是通过各种各样的媒介从汉语中翻译过来的，甚至部分来自国外的称谓语也是通过汉语再转引到哈萨克语中的。而哈萨克斯坦的哈萨克语深受俄语的影响，外来词大幅增长，未经任何翻译，直接引用外来称谓语，给哈萨克语增添了不少外来文化的色彩。我国的哈萨克族与汉族的关系非常密切，汉语对哈萨克语的影响也很明显。哈萨克族在对新事物、新成果命名时，会采用汉语词汇的意义去翻译的方法。新中国成立初期，哈萨克族所需要的哈萨克语材料、科技书籍等资料，都是由苏联时期的哈萨克斯坦引进的，甚至一段时间出现了照搬苏联时期哈萨克语引用的倾向。这些称谓语在后来的语言发展过程中，经过不断改造和提炼有了很大的变化。改革开放以后，尤其是20世纪90年代开始，中国境内哈萨克语中的职业、职务、职衔等称谓语是通过汉语翻译而来的，这种语言现象现在仍在继续，因此，对哈萨克语称谓语构词方式进行细致、系统、深入研究是目前中国哈萨克语构词研究领域中亟待解决的一个课题。下面通过具体的例子来阐述一下这种语言现象。

二、哈萨克语中通过翻译手段构造的词及特点

"将军"在哈萨克语中称作"genaral"，是个外来借词；"教授"在哈萨克语中称作"professor"，是外来借词；"船长"在哈萨克语中被称为"käpiytan"，是个外来借词。在哈萨克语中"助教"（kömekši muǧalïm）、"校长"（mektep bastïǧï）、"乡长"（awïl bastïǧï）、"院长"（doxtïrxana bastïǧï）、"助理记者"（kömekši tilši）等称谓都是由汉语翻译到哈萨克语的。

以上例子中我们不难看出，在哈萨克语中由翻译手段来构造的词不少，主要特点有两种：一是借词，二是直接翻译。无论哪一种手段都对哈萨克语词汇的丰富与发展起到重要作用。

第四节　哈萨克语称谓语中的修辞手段

一、哈萨克语称谓语的修辞手段及其分类

哈萨克语中也有用修辞手段来创造的称谓语，这种方法是利用现有的语言材料，通过仿词、借代、比喻等修辞方法创造称谓语。

（一）仿词法

根据表达的需要，更换现成词语的某个语素或词，临时仿造出新的词语，改变原来特定的词义，创造出新义，这种修辞手法叫做仿词法。在哈萨克语里，由"mal bağïwšï"（牧民）仿造出了"bala bağïwšï qïz"（保姆），"bala bağïwšï äyel"（保姆女人），又仿造出了"bala bağïwšï erkek"（男保姆），"üy bağïwšï"（看门人），"ara bağïwšï"（养蜂的人），由"dayašï qïz"（女服务员）仿造出了"dayašï jigit"（男服务员），由"kestešï"（刺绣女工）创造出了"kestešï jigit"（刺绣小伙子），由"otağasi"（家长，指男性）仿造出了"otanasï"（家长，指女性），由"azamat"（公民，指男性，男子汉）仿造出了"azamatša"（公民，指女性），由"sekiratar"（主席，指男性）仿造出了"törayïm"（主席，指女性），由"xan"（王、可汗）

155

仿造出了"xanïm, xanzada, xanïša"（夫人、公子、公主），由
"otaši"（接骨匠，指男性）仿造出了"otaši qïz, otaši äyel"
（接骨姑娘，女接骨匠），由"biyši"（跳舞的姑娘）仿造出了
"biyši jigit"（跳舞的小伙子）等。

（二）借代法

不直接说出来人或事物的名称，而另外用与其有关联事
物的名称来称代，这种修辞方式叫做借代法。哈萨克语里有
"aq jawlïq"（白色的头巾），"oramal"（本意是毛巾，这里指
的是头巾），"börik"（皮帽），"tulïmdï"（留小辫儿的，指男
小孩儿），"burïmdï"（留辫子的，指小女孩儿）等词语。"aq
jawlïq"（白色的头巾）本是女人头上的头巾，后来指女性。
"oramal"是毛巾之意，也指女性头上戴的头巾，后来指女性。
"tulïmdï"（留小辫儿的，指男小孩儿），"burïmdï"（留辫子的，
指小女孩儿）等中的"Tulïm"和"burïm"本指男孩儿和女
孩儿头上留的辫子，后来专指男性与女性，如："Tulimdïsïn
qul ettï，bürïmdïsïn küŋ ettï"（男人被俘虏为男奴，女人被俘虏
为女奴）。哈萨克语中，"qoyšï，tayaq ustar"（牧羊人、手持
木棍的人）指"男孩儿"，"jïlqïšï，taqïya tiger"（牧马人，做
小圆帽的人）指女孩儿，这与哈萨克族的传统社会生产与社会
生活息息相关，马在白天放，晚上不需要照管，而放羊则是很
费力的活儿。白昼一直跟在羊群后面，晚上要睡在羊圈旁值
守，否则有被野兽伤害或被贼偷的可能。久而久之，牧羊人成
了男孩儿的代名词，牧马人却成了女孩儿的代名词。

（三）比喻法

用甲事物或情景来说明乙事物或情景的修辞方法是比喻法。如：哈萨克语中"jelayaq"（飞毛腿）喻指跑得特别快的人；"saqqulaq"（顺风耳）喻指能听到很远声音的人，也比喻消息灵通的人；"köregen"（千里眼）喻指眼光敏锐，看得远；"qïzjibek pen tölegen"（少女吉别克与俊男托列根）喻指最终没能成为眷属的情侣；"toqïmašï qïz ben sïyïršï jigit"（牛郎织女）喻指长期分居两地的夫妻；"qara süyek"（黑骨头），指的是平民百姓；"aqsüyek"（白骨头），指的是"贵族阶级"；"qïw süyek"（骨头），是指非常瘦的人；"bağban"（园丁）本指从事园艺的工人，后来从事教育工作的教师也被比喻为"bağban"（园丁）；"sestïra"（护士）被比喻为"aq qalettï perište"（白衣天使）等。

第五节　哈萨克语中的借子称谓语

一、哈萨克语借子称谓语的定义

借子称谓语是亲属称谓语的一种特殊形式，它对汉语亲属称谓语来说是常用的一种称谓方式与手段，即汉语里较发达的构成称谓语的手段之一。而哈萨克语里的借子称谓语尚未如汉语借子称谓语那么发达，但也有这种语言手段构成称谓语的语言现象。借子称谓语是亲属称谓语的一种特殊形式，其形式标志是用"他"＋亲属称谓，"他"表明发话者是站在孩子的立场上称呼对方。[①] 借子称谓语是亲属称谓语的一种口语用法，一般用于非正式的交际场合中，在正式的交际场合中很少使用，一般可以用于面称与背称。例如：

Akesi, men ayïtqan älgi jumïs qalay boldï, bitire aldïŋ ba?

（孩子他爸，我让你办的那个事情怎么样了，办好了吗？）（面称）

Balanïŋ äkesï üyde joq edi, ne jumïsïŋïz bar, kelgende aytïp qoyayïn.

（孩子他爸不在家，你有什么事给我说吧，他回来时，我会转达给他的。）（背称）

二、借子称谓语的形式

"他"＋亲属称谓（血亲称谓／姻亲称谓／血亲称谓的派生形式）

（一）"他"＋血亲称谓语

哈萨克语人称指代称谓系统中第三人称代词"ol"（他）是最基本的、最常用的、使用频率最高的称谓语，哈萨克语中第三人称代词的说法与写法上没有区别，"ol"都指代男性、

---

① 张素玲：《借子称谓语的使用形式和语用机制》，47 页，载《修辞学习》，2005（4）。

女性，到底指代的是男性还是女性，只能看说话人的语气或说话内容的上下文来判断。有些学者认为人称代词不属于称谓范围，但从人称代词的语用和社会功能来看，它应该可以说是称谓语，人称代词是特殊的称谓形式，因为它不仅有指称功能，还兼具称谓功能。在哈萨克语中，"ol"（他）与亲属称谓一起或者单独使用时，起着称谓功能。在借子称谓语中，与"ol"（他）这种称呼形式连在一起的血亲称谓主要有："ata"（爷爷），"apa"（奶奶），"nağašï ata"（外祖父），"nağašï ağa"（舅舅），"nağašï apa"（外祖母），"nağašï äke"（舅父），"nağašï šeše"（舅母），"nağašï äpeke"（姨姨），"täte"（母亲、大娘），"ağa"（叔叔、哥哥），"äpeke"（姐姐）等。

在哈萨克语中，使用借子称谓语时，不能直接说"ol"，而"ol"代词后加属格词尾，其变为"onïŋ"，亲属称谓后加表示领属关系的词尾，代词与亲属称谓处于领属关系。从借子称谓语中，虽然有时称呼结构上看起来改变了谈话人之间的辈分关系，实际上，这只是使用其他的称谓方式来称呼自己的亲属罢了。在汉语称谓语中，儿媳妇既可以用从丈夫的称谓语称呼自己的"婆婆"为"妈、娘"等，也可以用从子女的称谓语称呼为"孩子他奶奶、孩子他爷爷"等，在哈萨克语称谓语中，儿媳妇既可以用从丈夫称谓称呼自己的"婆婆"为"šeše，apa"等，也可以用从子女的称谓称呼爷爷、奶奶为"onïŋ atasï"（他爷爷）、"onïŋ äjesï"（他奶奶）等。"onïŋ äjesï""onïŋ atasï""onïŋ ağasï""onïŋ tätesï"等称呼一般多用于背称，而很少用于面称。公公、婆婆可以直呼儿媳妇的名字或称呼儿媳妇为"kelin"。哈萨克族女子结婚后称自己的公公、婆婆为"ata""apa"等，很少用"他爸""他妈"来称呼自己的公公、婆婆。哈萨克族儿媳妇绝对不能直呼长辈的名字，否则就是失礼或大逆不道。向别人称呼家里的长辈或其他亲戚时，多使用亲属称谓或者使用讳称，要么站在孩子的立场使用"他爷爷""他奶奶""他叔叔"等借子称谓语形式来称呼，这样的称呼形式一般用于背称。使用借子称谓语时，辈分在称谓形式上有所改变，但实际上长幼尊卑的关系却没有任何变化，几乎不违反辈分原则。在实际使用环境中，平时"ol"（他）指的是小孩儿，有时，妻子称呼丈夫的哥哥、姐姐或其他亲戚时，也使用"他"+亲属称谓等称呼形式，但这里的"他"不一定是指孩子，而指的是其丈夫。如："onïŋ ağasï"（他的哥哥），"onïŋ äpekesï"（他的姐姐），"onïŋ nağašï äkesï"（他的舅父），"onïŋ nağašï ağasï"（他的舅舅）等。"onïŋ nağašï atasï"（他外公），"onïŋ nağašï apasï"（他外婆）等主要用于女婿称呼自己的岳父岳母。"äkesï"（孩子他爸），"šešesï"（孩子他妈），"balanïŋ äkesï"（他爸），"balanïŋ šešesï"（他妈）等仅用于夫妻之间相互称呼对方。如果丈夫有几个叔叔、哥哥和弟弟时，按排行顺序称呼，分别称其为"onïŋ ülken äkesï"（他大伯），"onïŋ ülken ağasï"（他大哥），"onïŋ kiši ağasï"（他小叔），"onïŋ kökesï"（他哥哥）等。

（二）"他"+ 姻亲称谓语

在哈萨克语中，这种称呼形式里的姻亲称谓主要有：

"jezde"（姑父），"naǧaši jezde"（姨父），"naǧaši jeŋge"（舅妈），"äje"（大娘），"jeŋge"（嫂子），"jeŋgey"（大嫂），"apay"（婶婶）等。"他"+"jezde"（姑父）/"naǧaši jezde"（姨父）/"naǧaši jeŋge"（舅妈）等一般用于亲属之间，"他"+"äje"（大娘）/"jeŋge"（嫂子）/"jeŋgey"（大嫂）/"apay"（婶儿）等既可以用于亲属之间，也可以用于非亲属之间。在农村，我们经常听到中老年妇女使用"onïŋ apayï"（他婶婶）、"onïŋ jeŋgesï"（他嫂子）、"onïŋ äjesï"（他大娘）等来称呼不具有亲属关系的人。

（三）"他"+血亲称谓语的派生形式

在哈萨克语中，血亲称谓的派生形式主要有："atay"（老爷爷）、"äjey"（大娘）、"apay"（大姐）、"aǧay"（大哥）、"šešey"（老大娘）、"tätey"（大姐）等。"他"+血亲称谓的派生形式可用于亲属之间，但大多数情况下用于非亲属关系的人当中。如："onïŋ apayï"（他阿姨）、"onïŋ aǧayï"（他大哥）、"onïŋ tätesï"（他大姐）、"onïŋ äjesï"（他大娘）等。

借子称谓语一方面显示了发话人、受话人、从他介入、被指称人之间的间接或直接的亲属关系，由于发话人降低了自己的辈分，从而体现了对受话人的尊重与重视。另一方面，借子称谓语里有时含有了人的名字，这给听话人以亲近与亲和的感觉。如：

孩子名字/孩子名字的昵称+äkesï/šešesï/tätesï/apasï 等称呼形式仅用于夫妻之间相互称呼对方。如：

"Balanïŋ äkesï, nemenege bulqan-talqan bolïp jürsïŋ?"（孩子他爸，你为什么这么勃然大怒呢？）

"Estaydïŋ šešesï, qamšïmdï bere salšï?"（叶斯泰他妈，把我的马鞭子给我递一下，好吗？）

"Telqaranïŋ tätesï, balamïz bügin nege jaysïzdanïp tur?"（铁勒哈拉他妈，孩子今天怎么不舒服呀！）（"telqara"是昵称）

"Balanïŋ äkesï"（孩子他爸）、"balanïŋ šešesï"（孩子他妈）等借子称谓语在哈萨克语里还可以说成"äkesï"（他爸）、"šešesï"（他妈）等。根据汉语称谓的称呼方式，可以称呼为"他爷爷""他奶奶"等，这个主要用于儿媳称呼自己的公公、婆婆。但哈萨克语里一般不能这样称呼，如果儿媳妇直接称呼自己的公公、婆婆为"balanïŋ atasï""balanïŋ apasï"的话，是对长辈的不尊重，是失礼。需要称呼时，只能用："ata""apa"等。

（四）孩子名字 / 孩子名字的昵称 + 血亲称谓语

如："estaydïŋ ağasï"（叶斯泰他哥哥），"erkeštiŋ atasï"（叶尔克西他爷爷），"qïrannïŋ äjesï"（克浪他奶奶），"taydïŋ tätesï"（小马驹他妈）等。

三、影响哈萨克语借子称谓语的主要因素

（一）交际场合的限制

借子称谓语是一种口语用法，一般用于非正式场合，很

少用于正式场合，既可用于面称，也可用于背称。在非正式的场合，称谓语的应用相对来讲要随便一些。在家庭中，夫妻可以使用孩子的名字或孩子的昵称＋亲属称谓来称呼，邻居之间也常用借子称谓来称呼。从句法结构上说，面称作独立成分——呼语，背称作句子成分。如："Balanïŋ äkesï, menï šaqïrdïŋ ba?"（孩子他爸，你叫我了吗？）

（二）形式上的限制

在哈萨克语里，借子称谓在指称与称呼上有区别的，即受到形式上的限制。如："Bul onïŋ ağasï"（这位是他叔叔）一般用于指称，而"Qanattïŋ ağasï, tura turïŋïzšï!"（哈那提的大叔，您等一下！）则是一种呼语。"onïŋ inisï"（他弟弟），"onïŋ qarïndasï"（他妹妹）等一般用于指称，而从来不用于呼语，需要称呼时，说话人可以直呼其名的。

（三）借子称谓语的语用机制

称谓语是人类特有的一种社会现象和语言现象，它是人类交际行为中不可忽视的词语，它不仅是人类语言交往中必不可少的一个环节，而且还承载着一定的文化意义、社会伦理等意识层面内容。称呼语是传递给对方的第一个信息，它的最大的作用是引起受话者注意和保持说话者与受话者之间的联系。称谓语与文化有着密切的联系，它是日常交往中沟通人际关系的信号与桥梁，它不仅仅是一个简单的语音符号，而且是一个国家、一个民族的风俗习惯、传统文化、世界观与社会政治经济关系的综合体现。隐含着一个民族历史、文化的积淀。一个民族的人们进行交往时，首先必须选用恰当的称谓语。恰当的称谓语能保证交际的顺利进行，不恰当的称谓语则会给交际双方带来障碍，甚至阻碍交际的正常进行。

亲属之间或非亲属之间使用借子称谓语具有特殊的会话含义。大多数情况下，说话者与受话者之间的关系不够亲密时，说话人有意拉开双方的情感和心理距离，将达到想要的交际目的。如：有时，男的称自己的岳母为"eljastïŋ apasï"（叶力佳斯他姥姥），而不说"eljastïŋ naǧašï apasï"（叶力佳斯他姥姥），称自己的大舅子为"eljastïŋ aǧäsï"（叶力佳斯他哥哥），而不说"eljastïŋ naǧašï aǧäsï"（叶力佳斯他舅舅）等，说话者在这里故意使用一种委婉的说法，强调说话者与受话者之间的亲属关系，想方设法缩短交际双方之间的尴尬。在非亲属之间使用借子称谓，会使对方感到尊重、喜爱与礼遇。

借子称谓语的礼貌原则和得体性原则。中华民族素以有"礼"而著称于世，人们以各种方式表达彼此之间的尊敬、友好和关心，运用称谓语来表达应有的礼节，在日常生活中是常见的。受话者可以从说话者的称呼中感觉到双方的亲疏远近，人们使用借子称谓语时，要体现礼貌原则就会选择"贬低自己，抬高对方的"的策略，以示尊敬和谦虚。这种做法其实遵守了语言的礼貌原则。礼貌原则解释了说话人故意违反合作原则来委婉地表达自己的真意，是出于礼貌的考虑使话语得体。

在合作原则中，美国语言学家格赖斯（H.P.Grice）提出交际的双方必须遵守一种共同的原则，且双方的话语能相互理解，相互配合。而礼貌原则中，语言学家利奇（G.N.Leech）解释了合作原则无法解释的现象，完善了会话含义学说。谈话的一方有时未能遵守合作原则，有时由于礼貌或语境需要说了一些违背合作原则的话。后来语言学家们注意到一个道理，那就是人们有时出于礼貌的需要，会说一些违反合作原则的话语。因此，我们讨论合作原则的同时，要充分考虑礼貌原则。合作原则和礼貌原则是互为益补的关系，也就是说礼貌原则可以援助合作原则。

语言使用的得体与否取决于是否遵守礼貌原则，得体的语言受客观、主观等种种社会因素的制约。因此，语言的礼貌程度同样受各种各样的社会因素的制约。对于某一种场合得体的语言，换了另一种场合则不一定是得体的，而适合于某一种场合的最礼貌的形式，换了另一种场合就不是礼貌的形式了，这种礼貌形式或者过分礼貌，或者不够礼貌。使用过分礼貌或不够礼貌的形式，使语言显得不够得体，有可能产生另一种会话义。当交际双方进行交际时，要选择对当时当地场合最适合的称谓语。懂得对别人如何称呼是一种知识，也体现了说话人的文化素养。能够得体地称呼别人，才能为接下来的交流创造良好的有利条件，才能使双方交际继续进行。不分任何场合，不伦不类地乱用，只能引起对方的反感。因此，得体地运用语言是极其重要的，在交际活动中是马虎不得的。

总之，随着我国社会的迅速发展与人们思想观念的更新，人与人之间的交际从大家族走向大社会，以家庭为主的血缘观念逐渐显得淡薄，亲属称呼形式也不像以前那样要求严格。现在人们更倾向于使用简单明了的称呼形式，如直呼姓名或称呼职位等。但我们不能忽视借子称谓在人们交际中所起的主要作用，在人际交往中，我们依然会听到有些人还在使用"哈那提他爸爸""他大嫂"等形式的借子称谓语。

第六节　称谓的泛化

一、不同类称谓语的泛化现象与相关理论

称谓语是一种人和人之间的言语交际行为，是说话人在称呼受话人时所使用的人称指示语，在人们的交际场合中，称谓语起着不可忽视的重要作用。由于各民族之间的文化、历史等背景的差异，各民族所使用的称谓语数量、称谓类别，以及指称的范围各不相同。

所谓泛化，则要求分散，要求"广"和"多"。对于泛化理论，贾德认为，迁移的重要条件是能够自己概括出一般的原理，所谓泛化理论是指能够把自己在一种情景下得到的经验加以"泛化"，并把它推广应用到另一种情景中去。在日常语言交际中，人们利用语言所具有的模糊性、不精确性的特点，能够把自己在一种情景下得到的经验加以"泛化"，并把它推广应用到另一种情景中去。

二、亲属称谓语的泛化

这已得到许多学者的关注，对于这种现象的定义，不同学者有种种的解释，有学者把它称为"拟亲属称谓"，有的学者把它称为"亲属称谓的泛化或外化"，也有学者把它称为"亲属称谓的扩展用法"等。我们在这里使用"拟亲属称谓"这一定义来对它的泛化现象进行分析与探讨。所谓"泛化"系指称谓语因社会的或人为的原因所导致的混淆和滥用现象。[①]亲属称谓被社会化或泛化后可以应用到社交场合，即亲属称谓使用到非亲属关系的人当中去，在语言中，使用亲属称谓来称呼非亲属关系人的现象叫作"拟亲属称谓"。如：我们在街上问路时，称呼陌生的长辈为"atay"（老大爷），"äjey"（大娘），"apa"（大妈），"ağay"（叔叔），"apay"（老大姐）等。称呼陌生幼年的儿童为"balaqay"（孩子、小朋友），"inišek"（弟弟），"qarïndas"（妹妹）等。有时，亲属称谓前面加职业来称呼陌生人，如："qoyšï atay"（放羊的爷爷），"saqšï ağäy"（警察叔叔），"sestïra qarïndas"（护士妹妹）等。

这些亲属称谓语被社会化以后，进入到社会称谓系统，在社交场合中被广泛地使用。亲属称谓语的泛化反映了哈萨克族重视姻亲与血缘关系的民族价值观念，以拟亲属称谓语来称呼非亲属关系的人，可以增进交际双方的感情，能促进相互之间的融洽，可以拉近双方之间的心理距离，为接下来的交际打

---

① 金炫兑：《交际称谓语和委婉语》，148 页，北京，台海出版社，2002。

好基础，从而达到想要的交际目的。

三、社会称谓语的泛化

用具有一定社会关系特征的称谓语指称不具有这种社会关系特征的人，是社会称谓语的泛化。[①] 社会称谓语主要有社会关系称谓语、职衔类称谓语、通用称谓语、姓名称谓语等，此外还有情感类称谓语、指代类称谓语等。但并不是所有的社会称谓都能泛化，如姓名称谓语。因为它是最基本的称谓语，不同的人名指称不同的对象（除同名或同性外），以人名来完成个人在社会群体中的区别性符号，人名是固定的。人名实质上是个人的标记符号，是一个人的特称，虽然人名与人之间没有直接的关系，但人名在指代个人，人和人之间起到区别作用，是个人生存的社会保障，从这个方面来说，它有特定的社会价值与意义。除了姓名之外，其他的几类社会称谓语有着不同程度的泛化现象。

（一）社会关系称谓语的泛化

社会称谓语是社会结构、人际关系的符号。在社会交往过程中，常常需要借助各种各样的称谓语来确认称呼者与被称呼者的社会角色与社会身份，如：教师与学生、领导与群众、厂长与工人、售货员与顾客、售票员与乘客、医生与病人、家

[①] 秦学武、赵欣、李强华：《称谓语的泛化及其形态标记》，106页，载《河北科技师范学院学报》（社会科学版），2006（3）。

长与子女等。随着社会角色与语言环境的改变，社会称谓语也会相应调整。社会关系称谓语的泛化是人们不知怎么称呼对方时，或者寻求最合适的称谓语时，常常会选择更合适的社会称谓来称呼对象。如：我们一般说"sabaqtas"（同学），即同班同学，就是在同一个班里学习的人彼此间的称呼。而后来引申为同一所学校或同一年级的人。在被称为"小社会"的学校校园里，问路或打听事时，称呼看似学生模样的人是应该没有问题的，称呼看似老师模样的人也是可以的。"Sabaqtas, oqïwšïlar jataği qay jerde?"（同学，学生公寓楼在哪儿?）（根本不认识的两个人）。

"dos"的意思是朋友、友人，同师同志之人，或彼此有交情的人。泛化为对任何与之有言语交际行为的陌生人的称呼。在日常交际中，把称谓对象（无论什么人）当作"dos"（朋友）来对待，可以减少交际双方的紧张状态，缩短相互之间的距离，有助于达到理想的交际目的。

（二）通用称谓语的泛化

通称是对某一特定职业人群的称呼，原来有特定的指称对象，泛化后，其适用范围更为扩大，不拘泥于特定职业人群的称呼。这样的称谓有"muğalïm"（老师）、"joldas"（同志）、以及从亲属称谓泛化而来的"ağay"（叔叔）、"apay"（阿姨）、"bawïr"（兄弟）等。

"muğalïm"（老师）最初是指受过专门教育和训练的人，是对教育教学工作者的称呼，后来泛指受过高等教育或从事脑力劳动者的一种尊称。"muğalïm"（老师）的泛化从学校或艺术团体开始，对任何年长者都使用，后来同辈之间也互相使用。[1]"老师"在学生心目中代表着知识、前辈，大学生对老师非常崇拜，学生对老师的人性品德与文化修养给予很高的评价，因此，大学生对学校的教职员工和辅助人员多使用的称谓形式是"muğalïm"（老师）等，这一称谓是在大学校园里普遍使用的通称，把跟老师不相关的人称呼为"老师"是不妥当的，但是由于对教职员工和辅助人员没有专门称呼语，而且学校是教授某一项或一些专门技能的地方，学校里不特别凸显称谓对象的权势身份与社会地位，因此，"muğalïm"（老师）就成了学校里通用的职业称谓语。社会称谓语自身所具有的特点是其泛化的重要原因，这些因素为其泛化提供了内在基础。中国人历来尊师重教，素有"一日为师，终身为父"之说，因此，在人们心目中老师的地位是较高的。甚至，人们把这一称谓语泛化到医院里去了，在医院里，年轻的医生护士对年长医生护士也使用"muğalïm"（老师）来称呼。"muğalïm"（老师）这个词近年来已经成为文化教育界一个比较流行的表示尊敬的社会称谓语，例如：在电视台节目访谈中，主持人称呼其嘉宾为"某某老师"，尽管其职业并非老师，或者诗歌朗诵比赛上，参赛选手称呼评委为"muğalïm"（老师）等。

"ağay"（叔叔）、"apay"（阿姨）等亲属称谓被泛化后，其适用范围更广，对任何陌生人都可以使用。在哈萨克斯坦哈萨克语里，"ağay"（叔叔）、"apay"（阿姨）、"äpke"（大姐）、

---

① 戴庆厦：《社会语言学概论》，144—145 页，北京，商务印书馆，2014。

"apa"（大娘）等亲属称谓泛化后代替了"muğalïm"（老师）一词，并在校园里广泛使用。哈萨克斯坦南部地区的学生对老师使用的称呼有："äpke"（大姐）、"äkpe"（姐姐）、"äpše"（姐姐）、"äpče"（姐姐）、"šešey"（大娘）等。而西部地区的哈萨克学生对老师的称呼有："apa"（大娘），"äpeke"（大姐）等。哈萨克斯坦其他地区的哈萨克学生当中较为流行的呼语有："apay"（阿姨），"ağay"（叔叔）等。[①]

（三）职衔类称谓的泛化

职衔类称谓语是指能够反映人的职务、职业、身份等的名词，是比较宽泛的，包括除姓名类和亲属类之外的所有指人名词。[②] 职衔类称谓语的泛化一般是将其职位提高到一个层次，如：大夫和护士职责范围不同，分工不同，但医院里的人们不管大夫还是护士都被称呼为大夫，有些护士不爱听别人叫她"sestïra"（护士），在她们看来护士是端尿端屎、服侍病人的，比大夫低了一等。"人往高处走，水往低处流"，这是人们在使用称谓问题上的心理写照。[③]

---

① Ayman qobïlanova: qazaq söz ätyketi, almatï:joğarï attestassyanïŋ komyssyanïŋ baspa ortalïğï, 2001.

② 安国峰:《韩—汉指人名词社交指示功能对比研究》，51 页，北京，北京语言大学，2015。

③ 陈建民:《现代汉语称谓的缺环与泛化问题》，23 页，载《汉语学习》，1990。

四、社会称谓语泛化的原因

社会称谓语泛化的原因是各种各样的，称谓语的泛化是客观存在的语言现象，称谓泛化的原因是由多方面的因素造成的，既有语言因素，也有社会因素。下面从人们的社会生活习惯与语言本身特点等角度出发，对称谓语泛化的原因进行深刻探讨。

首先，从语言层面来看，语言具有模糊性特点，社会称谓语的泛化便利用了语言的这种模糊性特征，如：比自己年龄大，且无血缘关系的男性可称呼为"ağay"（叔叔）、"atay"（大爷）；比自己年龄大，且无血缘关系的女性称呼为"äjey"（老大娘）、"apay"（阿姨）、"täte"（大姐）等。这些称呼语则是对年龄较大的男性与女性的称呼，这个年龄段是模糊的，它所表示的年龄带有一定模糊性，还如：把"orïnbasar meŋgeriwši"（副主任）称呼为"meŋgeriwši"（主任）也是利用了语言的模糊性特点。语言的模糊性由多方面的因素造成的。人类世界本身存在着模糊性，模糊性是客观世界固有的属性，是人类思维与认识的本质特征，语言作为客观世界的表现形式与思维的载体，当然具有模糊性特点。语言的模糊性可以增强语言的信息含量，能扩大语言的多方面的交际范围与功能。在日常交往中，人们通过恰当的称谓语来加强语言的灵活性，从而提高语言的社交功能与交际效率。

其次，从功能语言学的角度来看，社会称谓语的泛化更能表现出语言的人际功能。语言本来就是人类最重要的交际工具，它是人类用来做事的手段，所以语言的功能一定会映射出人与人之间的关系，这是它的"人际功能"。人类社会的语言交际都离不开称谓语，称谓语是人类的言语行为，其泛化体现了语言的人际功能。

最后，从社会层面来讲，社会称谓的泛化有着社会与文化等方面的内涵。称谓语的泛化既是语言现象，也是文化现象。哈萨克族经历了漫长的、比较松散的游牧生活，以部落为主的血缘关系维系着人与人之间的交际网络，部落里的每个人被当作自己的亲戚来对待。哈萨克族自古对长者充满敬意，以示尊重。这使得亲属称谓语的泛化有了扎实的文化基础。拟亲属称谓语是哈萨克文化中重家庭、重亲情观念的体现。

称谓语的泛化体现了语言的人际功能，也反映了社会的发展对语言意义变化的影响，语言的泛化使得人们选择更多的称谓语来与其他人进行各种交际，能够拉近交际双方之间的心理距离，可以达到理想的交际目的。

第七节 称谓语的简化

一、称谓语的简化及其原因

称谓语作为一种先导语，在人们的语言交际中起着不可替代的交际作用，它作为一种基本词汇在一个民族的语言中自成一个严密系统，并映射着一个民族的政治制度、社会生活、宗教信仰、民族心理价值观念等特点。随着社会的发展，人们生活水平的提高与价值观念的更新，它自然会有相应的变化与变动。称谓语的变化形式在不同的历史时期，不同的社会环境下有所不同，如：有可能由简趋繁，有可能由繁趋简。现代哈萨克称谓语向两个不同的方向发展，一种是系统内部称谓语日益减少，关系逐渐简单化；另一种是系统内部称谓语向外扩展，扩展到社会生活的各个领域的方方面面中去。我们一般把第一种现象称为"称谓语的简化"，第二种现象称为"称谓语的泛化"。本节中，将对哈萨克语称谓的"简化现象"作进一步的探讨与分析。

（一）亲属称谓语的简单化

亲属称谓语指的是以本人为中心确定亲族成员和本人关系的名称，是基于血亲姻亲基础上的亲属之间相互称呼的名称，它是以本人为轴心的确定亲属与本人关系的标志。亲属称谓语作为一种基本词汇，在一个民族的语言中已成为一个严密的系统，它具有相对稳定性特点，并反映着一个民族的社会生活、风俗习惯、民族心理等特点。称谓语既是语言现象，也是社会、文化现象，在任何语言中它都担当着重要的社交礼仪作用。随着社会的发展和人们社会生活的改变，亲属称谓语也会发生相应的变化，其变化形式在不同的历史时期，不同的条件下可能由简趋繁，也有可能由繁趋简。亲属称谓语简化的动力主要来自社会生活、人们传统观念的变化、亲属关系在人们日常社会生活中作用的减弱、社会称谓语的泛化以及社会家庭结构的变化等。

现代哈萨克语亲属称谓语最引人注意的变化就是它同时朝着两个不同的方向发展：一方面系统内部亲属称谓语逐渐减少，关系日趋简单化；另一方面有些亲属称谓语向系统外扩展，泛化为社会称谓语，我们将前者被称为简化，后者被称为泛化。有些亲属称谓语的使用频率越来越少，哈萨克族大家庭结构发生变化后，尽管"堂""表"关系，如"Atalas ağa"（堂兄）"böle qarïndas"（表妹）在现在的亲属关系中还存在，但人们在心理、习惯、称呼上省略了"堂、表"等区别性成分，"böle äpeke"（表姐）、"böle ağa"（表哥）、"jyen ini"（表弟）、"böle qarïndas"（表妹）等常常直接称呼为"äpeke"（姐姐）、"ağa"（哥哥）、"ini"（弟弟）、"qarïndas"（妹妹）等。

在历史上，哈萨克族实行氏族部落组织，每个哈萨克人属于不同的氏族，部落由若干氏族组成，氏族由若干小氏族组成，最小的血缘团体叫作"awïl"（牧村），它是由较亲近血缘关系的人组成的。亲属之间的称呼是非常严格的，家庭成员的称谓按血缘远近、辈分高低、年龄大小有严密细致的区分，亲属称谓的层级很多，且非常复杂。对待亲属与非亲属的人要使用错综复杂、不同的称谓方式。新中国成立后，哈萨克族的社会生活、家庭结构发生了翻天覆地的变化，亲属关系在人们社会生活中的作用逐渐被减弱，人们对家族的依赖性逐渐削弱，个人直接依赖家庭的情况也逐渐减少。尤其是 20 世纪 80

年代以来，中国人的生产生活、经济发展等都与国际秩序接轨，随着改革开放的政策深入进行，人们的生产、社会生活、人际交往等各项活动由家庭为中心逐步走向社会，以血缘关系为中心的家庭观念逐渐淡化，人们社会意识逐渐强化，导致亲属观念与区分亲疏差别的观念逐渐被淡化。伴随着哈萨克族家庭结构的变化，这些亲属称谓语发生很大的变化。家庭结构的小型化使得与之相适应的亲属称谓语使得其使用范围、使用场合发生变化，因为这些亲属关系在现实生活中已不再存在，那么反映这些事物的词语也将会在词汇中消失。与此同时，一些新的关系会凸显出来。如有些称谓语在亲属称谓词汇中消失，而在社交称谓词汇中产生相对应的新词。例如"apay"（阿姨）这个词在若干年后它在亲属称谓语词汇系统中可能会消失，而在社交称谓语词汇系统中产生了"apay"（阿姨）这个新词，虽然它们是同音词，但已是两个不同的词。因为它们的意思已完全不一样了。总之，家庭结构的变化必然会影响亲属称谓语或快或慢的变化发生。无论是家庭结构，还是亲属关系发生变化，亲属称谓语在人际交往中将仍然会扮演着重要角色。

（二）拟亲属称谓语的简单化

拟亲属称谓语是使用亲属称谓语来称呼非亲属关系人的一种称呼形式，拟亲属称谓语的简化，则是拟亲属称谓语对非亲属关系使用数量的减少，使用范围缩小。一方面是，拟亲属称谓语的数量逐渐被减少，如：以前日常交往中多使用的"jezde"（姐夫）、"jezdeke"（对姐夫的爱称）、"jeŋgey"（嫂子）、"jeŋeše"（大嫂）、"apa"（大娘）等拟亲属称谓语现在用得越来越少，"ağay"（叔叔）、"apay"（阿姨）、"täte"（大姐）等拟亲属称谓语现在用的越来越多了。

随着社会经济的发展，人们生活水平的提高，生活节奏的加快和现代通信设备的普及，人们平时见面时，不像以前那样选择拟亲属称谓语，不在拟亲属称谓语上费思量，就简单地说成"sälemetsizbe"（您好）、"jahsïmïsïŋ"（你好）或者点头等完成礼貌性称谓。时间一长，大多数人，尤其是年轻人使用亲属称谓来称呼非亲属关系的人觉得说起来非常不顺口，不太习惯。因此，在社会交际中，拟亲属称谓语的使用范围开始逐渐缩小。

（三）身份类称谓语的时尚化

现代哈萨克语身份类称谓语主要有职业称谓语、职衔称谓语等。职业称谓语用其所从事的职业来称呼被称呼者，如："adïwakat"（律师）、"malšï"（牧民）、"etikši"（鞋匠）、"aŋšï"（猎人）、"ağašši"（木匠）、"temïrši"（铁匠）等。职衔称谓包括官职、职称、学衔等。职衔称谓语用其官职、职称、学衔来称呼被称呼者，如："doktor"（博士）、"professor"（教授）等。哈萨克族自古就有用职衔相称的习惯，哈萨克语职衔、职业、职位等称谓都有其自身的称谓语，与其他民族的身份类称谓语有着相似之处，也有不同之点。首先，不同语言的称谓语首先要受到其所属的语言系统的制约，形成不同的称谓习惯。其次，不同的民族心理与文化传统形成了不同的称谓习惯。哈萨克称谓语与哈萨克族的政治、经济生活、风俗习惯、自然环境等息息相关。在游牧的社会生活中，哈萨克族形成了与其生活相适应的职衔称谓语，即在部落里有威望的人名前后加职衔来称呼，如："Qara kerey Qabanbay"（英雄哈班拜）、"Jänibek batïr"（英雄加尼别克）、"Täwke biy"（陶克叶毕）、"Abïlay xan"（阿布莱汗）、"Täwke xan"（陶克汗）等。现代哈萨克语里，在正式场合中，因工作与场合的需要，其人名后加职衔或职业来称呼的现象也很多见。如："Äygili zerttewši, ğalïm Nïğïmet Mïnjany"（著名的学者、研究员尼合买提·蒙加尼）、"küš atasï Qajïmuqan"（著名的摔跤手哈吉木汗）、"doktor Serikbol Däwletkeldi ulï"（赛力克波力·达吾列提凯勒德博士）等。

二、哈萨克语称谓语的时尚化趋势

在现代社会里，身份类称谓语依然存在，并呈现出时尚化的趋势，这反映出人们求新尚美的心理需求，主要表现在以下几个方面：

第一，职业称谓已开始文雅化。职业称谓原本局限于较高雅的职业，在建设现代文明社会，注重交际主体平等的今天，为了消除人们之间职务、职位高低贵贱的差别，人们在称谓上做文章。如："satïrašši"（理发师）被称作为"šäš äsemdewši"（美发师）；"tazalïqši"（清洁工）被称作为"tazartïwši"（保洁员）等。学校的行政管理人员、图书馆管理员、辅导员、后勤处管理人员、公寓管理人员等都称为"muǧalïm"（老师）；医院里的护士或其他职工都被称为"däriger"（医生）；家里的保姆称为"qïzïmïz"（女儿）；一般个体业主被称为"qojayïn"（老板）等。

第二，职衔称谓多样化。现代哈萨克职衔称谓语在继承传统职衔称谓的同时，又受到汉族职衔称呼方式的影响，陆续出现了"名＋职业（或职衔）"等称谓的简称现象。如：迪力夏提书记被称为"dïy šïwjïy"（迪书记）或"dilšat šïwjy"（迪力夏提书记），萨肯德克是主任可称为"sa meŋgeriwši"（萨主任）或"Saǧïndïq meŋgeriwši"（萨肯德克主任）等。这是一种较流行的时尚职衔称谓，但只限于一部分职衔，而且在较熟悉的人群当中使用。

第四章　哈萨克语社会称谓语的语用研究

第一节　社会称谓语的语用功能

一、哈萨克语社会称谓语的语用功能

称谓具有社交指示功能，如：角色认同功能、礼貌功能、提醒注意，引出话题的功能、情感指示功能等。[①]除了以上功能之外，它的另一个功能是反映关系功能。它能反映交际者的社会身份、地位、远近关系等。

（一）角色认同功能

称谓语具有指明身份的功能，它特指社会上的某一个人，以及其身份，每个人都是社会人，他们在现实生活中扮演着不同的社会角色，在平时的社会交往中，人们经常通过种种方式

[①]　李明洁：《现代汉语称谓系统的分类标准与功能分析》，92—93页，载《华东师范大学学报》，1997（5）。

与手段来指示交际对象的社会地位与角色。在社会交际中，说话者通过某种称呼方式来称呼对方，这种称呼方式能够反映出受话人的年龄、性别、职位、职称、政治地位、社会地位、家庭地位、教育程度等。例如：古代哈萨克语中，"hanzada"（王子）、"xanïm"（夫人）、"xanïša"（公主）、"mïrza"（少爷）等词语反映出他们在当时的社会地位与社会角色，当时，在社会中有一定地位或权势的人的夫人或子女才有资格被这样称呼，普通老百姓的媳妇或女儿根本配不上这样的称呼。现代社会中，这些称谓语已经失去了原来的意义，有的称谓语已经退出了历史的舞台，有的词语增加了新的含义。如："mïrza"（先生）这一称谓语过去主要是普通群众称呼上层首领、贵族与巴依（富翁）等社会地位较高的社会群体时所使用的，普通老百姓之间很少使用，带有一定的阶级色彩和社会特点。一开始"Mïrza"（先生）的使用范围仅限于有知识、有社会地位的男性，如今其使用范围更广泛，不管有没有知识或社会地位，甚至是素不相识的男性都可以使用该称谓了。还有，现在对国家、对人民做出贡献与大方捐款的人都可以称呼为"mïrza"（慷慨的、大方的人）。这种称呼方式可以缩短交际双方的心理距离，可以改善交际双方的社交距离。现代社会中出现的一系列新称谓词语，如："juldïz"（明星）、"ušaq biykeši"（空姐）、"serwen basï"（导游）、"lötšiyk"（飞行员）、"ǧarïšker"（宇航员）、"dektor"（播音员）等都或多或少地刻画出了受话人的社会属性。

（二）礼貌功能

礼貌待人、谦和让人是中华民族的传统美德，也是传统的道德规范。哈萨克族自古以来就有尊重年长者的优良传统，年轻人不能直呼长辈的名字，对长辈通常都要用尊称，这体现出说话人的道德修养。按照哈萨克人的传统习惯，晚辈对长辈说话时，在人称代词的使用上必须使用"您"，而不用"你"，这是一种礼貌客气用语，表示对长辈的尊敬，这更能显示出说话者的文化水平与道德修养。无论交际对象是官员，还是普通老百姓，只要是年长者，对被称呼者都要使用"您"。有些称谓语具有很强的礼貌色彩，常用来打招呼表示礼节。如：晚辈见到长辈时说成："Atay, sälemetsiz be?"（爷爷，您好？），"Äjey, sälemetsiz be?"（大娘，您好？），"Ağay, sälemetsiz be?"（叔叔，您好）等，这当然表示对长辈的尊重和亲切。晚辈对长辈并无所求，他们只不过是用这种方式表示应有的礼貌。谦称也是一种礼貌的表现，谦称经常用于自称或对外人称呼自己的亲属。按照哈萨克人的传统习俗，说话人在长辈面前一定要尽量贬低自己，对自己以自谦，以示尊重。在哈萨克语中有不少表示礼貌的谦称，如："inišeginiz"（您的小弟）、"qarïndasïniz"（您的小妹）、"bawïrïniz"（您的兄弟）、"balaniz"（您的孩子）、"oqïwšïniz"（您的学生）、"šäkirtiniz"（您的徒弟）、"qïzmetkeriniz"（您的下属）、"köne köziniz"（您的老朋友）等谦称都是出于礼貌的考虑。

（三）情感指示功能

称谓语具有表达感情的特殊功能，它传递的不仅是语言符号，而且还反映出说话人的感情变化。比如：丈夫称呼自己的媳妇时说："janïm! -ayawlïm! -süyktïm! -külay! -külaš!"（你为什么不说话），从丈夫对媳妇的称呼变化中我们可以明显地看出："šïnayï"（亲切）—"sabïrlï"（耐心）—"tağatsïzdanïw"（烦躁）—"qataldanïw"（严肃）等情感的变化过程，越是正式的交际场合，所表达的感情色彩越郑重严肃。在日常交际中，由于感情色彩不同，对称谓语的使用也有很大的差异。人类的各种感情色彩在称谓语中淋漓尽致地体现出来。感情色彩不仅反映了说话者的主观看法，而且还影响着他人的思想感情。称谓语是语言词汇的一个重要组成部分，具有感情色彩是自不待言的。由于其指称对象是人，因而同其他词语相比，其感情色彩又有特殊的地方。对同一称呼对象，由于感情色彩不同，就会选用种种不同的称呼方式。称谓语具有广博性和丰富性等特点，富有感情色彩的词语中，称谓语占有相当大比例，差不多每个称谓语都包含着称谓者的感情与思想倾向，而且称谓语的感情色彩是非常丰富细致的，它们或是敬称、赞美；或是戏称、倨称、蔑称；或是憎恶；或是痛快，或是委婉等。如：对"muğalïm"（教师）和"bastïq"（领导）就有下列不同的称呼方式："baseke""qojake""molda""ağartïwšï""adamzat janïnïŋ yinjiynerï""bağban""oqïmïstï""qoğam tan-ïwšï""bilimdar""pedagok""qayratker""sayasat tanïwši""ğïlïm qayratkeri"等。这些称谓语构成了一个系列，表达了不同的感情色彩，而第一个称谓语"baseke"（领导）与后来流行的称谓语"qojayïn"（老板）、"joyan"（老大）等，在感情称谓上的反差是挺大的。在社会交际中，使用不同情感的称谓语，或大或小地反映出说话人的某种感情。

（四）提醒注意，引出话题的功能

称谓语可以用来引起受话者对发话者的注意。适当的称谓语为接下来的谈话交际打下较好的基础，如：在路上向别人问路，可以说："Ağay, sälemetsizbe! ile pedagogïyka dašwesine qalay baradï?"（叔叔，您好！伊犁师范大学怎么走？），"Apay, tura turïŋïzšï, xalïq doxtïrxanasïna barmaqšï edim, qaysï joldïŋ avtobozïna otïrsam boladï?"（阿姨，您等一下，去人民医院坐几路车？），这便引起了对方的注意，能帮助双方交际的顺利进行。

（五）反映关系的功能

称谓语的另一个主要功能是反映交际双方的社会关系。常见的社会关系有亲属关系、领导与被领导关系、家长与子女关系、同事关系、师生关系、同学关系、售货员与顾客的关系、售票员与乘客的关系、护士与病人的关系等。就双方关系的紧密度来看，以上关系中有些是固定的（如：父子之间的关系、师生之间的关系、同学之间的关系等），有些是临时的（如：售货员与顾客的关系、售票员与乘客的关系、护士与病人的关系等）。社会关系并非固定不变的，容易随着交际场合的改变而改变。如：父亲是某校的老师，其儿子是该学校的学生，那父亲和儿子在家里是父子关系，表示亲属关系，在课堂上，父亲和儿子就又有师生关系，回到家里后又是父子关系。还有一种情况就是字面上看起来不礼貌的词语，却可用来指明交际双方不同寻常的亲密关系，如：说话人对听话人说："miyğula"（笨蛋）、"sotqar"（捣蛋鬼）、"naqurïs"（傻瓜）等，字面上看起来似乎是在埋怨对方是笨蛋、傻瓜，实际上表明了交际双方的亲密关系。

第二节　哈萨克语称谓语的使用原则

称谓语的使用不是杂乱无章的，随意的，而是要遵守一定的语言原则与规律，总的来说，称谓语的使用原则主要有：合作原则、经济原则、礼貌原则、亲疏原则、年龄原则、地位原则等。

一、合作原则

美国语言哲学家格莱斯（H.P. Grice）于1967年在哈佛大学所作的演讲中提出，为了保证会话的顺利进行，谈话双方必须共同遵守一些基本原则，他将这些原则概括为"合作原则"（Cooperative Principle）。在所有的语言交流中，为了达到一定的语言目标，人们的言语交际总是互相合作的，说话人与受话人存在一定的默契，交际双方要遵守一定的原则，即合作原则。如果双方之间不存在任何合作，那交谈将会被终止。言语是自觉的社会行为，其最终目的是能够给人施加影响，并使之作出某种预期的反映，想要达到理想的交际目的，就要遵守一定的原则与规则。人们的社会生活是复杂多变的，社会关系也是如此。因此，言语交际也呈现出多极性和多变性的状态。在现实的社会生活中，一个人要同各种各样的人进行社会交流，交际的圈子也较广泛，如：亲属、上级、下级、朋友、老乡、同学、老师、农民、工人、士兵等。面对这种多级状态，一个人要根据称谓对象选择不同的称谓语，"见到什么人，说什么话"，千万不能对不同年龄、不同身份的人使用同样的称谓语，否则会惹起麻烦，引起交际对象的不满，会违背言语交际中的合作原则。言语交际中，有一个好的开端，才能保证信道的畅通，从而顺利完成交际的任务。如：在路上向别人问路时，不能直接问路，要用"keširiŋiz"（对不起）、"äwireleytïn boldïm"（麻烦你一下）、"sälemetsizbe"（您好）等呼语，或要用"mïrza"（先生）、"xanïm"（夫人）、"biykeš"（小姐）等通用称谓，或使用"ağay"（叔叔）、"apay"（阿姨）、"atay"（爷爷）、"äjey"（大娘）等拟亲属称谓语，这样的称谓语会使对方产生好的印象，缩短双方之间的心理距离，为后面的交流打下好的基础。

一个人在各种各样的环境下与不同的人打交道，如：在正式场合上、非正式场合上、课堂上、大街上、公共汽车上等。

面对这种多变的状态，一个人应该按照不同的环境来选择不同的称谓语，言语交际中的这种多变状态就要求更多的称谓来为之服务，称谓语的产生正适应了这种要求。

因此，在社会称谓语的运用上我们要格外小心谨慎一些。首先，我们要分清交际对象的职业、身份、年龄等，不恰当地使用称谓语，会影响信息交流，阻碍交际的顺利进行，甚至双方交际将会以失败而告终。比如：哈萨克语中的"laboranït"（实验师）、"dotsenït"（副教授）、"prokïwratïwra"（检察长）、"sïwdïya"（法官）、"agïronom"（农艺师）、"zootexnïyik"（畜牧工作者）等职业、职务称谓语来自于外语，由于接触较少等原因，有些人对这样的称谓语不太熟悉、不理解，这将会对双方的交流产生影响。再举一个例子："apay、äjey、šešey"（大娘）或"jeŋgey、jeŋeše"（大嫂）等称谓在农村较普遍使用。在农村，可以称呼中老年妇女为"大娘"或"大嫂"，在城市里，对中年或老年妇女使用这一称谓是不得体的，因为"大娘"这个称谓多在农村使用，因此，我们在选择称谓语时，要根据交际对象和场合灵活使用合适的称谓语。

其次，一个人可能有多种多样的称谓语，我们把个人所具有的全部称谓语的总和叫作潜在称谓语。潜在称谓语的数量与个人的社会活动和社会兼职成正比。[①]所以我们在称呼别人时，就根据不同的对象、不同的身份做到恰如其分。对老年的牧人要称"atay"（老爷）、"aqsaqal"（老人）、"käriya"（老人）、"ülken kisi"（大人）等；对知识分子或干部要称"ağay"

---

① 　马宏基、常庆丰：《称谓语》，139 页，北京，新华出版社，1998。

（叔叔）、"apay"（阿姨）、"mïrza"（先生）、"xanïm"（夫人）、"muğalim"（老师）、"baseke"（对领导的尊称）等；哈萨克语中表示"职业""职衔"等称谓语的数量为数不少，如："doxtïr"（医生）、"jïwïrnalïysït"（记者）、"adïvakat"（律师）、"äkim"（行政长官）、"sotšï"（法官）等。反之，如果对牧人称"mïrza"（先生）、"malšï"（牧人），会使其感到别扭，"malšï"（牧人）是面称，一般被用于背称。对牧人使用这一称谓对他不太尊重，会使他反感，容易惹他生气。对老师称"bastïq"（领导）、"qojayïn"（老板）也会使其不自在。一个语言中的称谓语就在特定的语言环境中会起自身的作用，如果离开了一定的语言环境，称谓对象的身份就不好确定。如：老师是学校里的通用称谓语，我们在学校里不好确定哪一位是学校领导、哪一位是老师，这时只好"以貌取人"，以老师来通称。学生把学校里所有的工作人员以老师来称呼似乎更为贴切。

二、经济原则

语言的经济原则，又称省力原则，也称作语言的经济性或者语言的经济规律。美国学者齐夫首次明确提出这一原则，即语言的经济原则是通过齐夫定律提出的。齐夫认为，人们交际时总是倾向于选择既能满足言者完整表达又能满足听着完全理解所需的最少的语符，这就是语言的经济性原则。[①] 狭义

[①] ZIPF G K. Human Behavior and the Principle of Least Effort: An Introduction to Human Ecology. New York: Hafner, 1949.

的"语言的经济原则"是法国语言学家马丁内（Martinet）提出的。[①] 他对经济原则的解释更符合语言的使用原则。他认为，经济原则的前提是首先要必须保证语言的交际功能，同时，人们根据自身的实际情况对言语活动中力量的消耗做出符合经济要求的安排，从这一原则出发能够对言语结构演变的特点和原因做出合理解释。

从语义学的角度来讲，意义是可以分化的，许多词最初是只有一个意义，后来引申出若干个意义，多义词就是这样产生的。所谓语言的经济原则，就是以尽可能少的形式表达尽可能多的意义，也就是说，用少的语言来表达最大限度的信息量，它是语言在演化过程中所遵循的语用原则。语言中的有些现象一开始是临时的，由于人们反复使用，逐渐被普及到群众当中去。如亲属称谓的外化现象，亲属称谓最初在亲戚之间使用，但言语交际中的多变状态要求各种各样的称谓来满足这个需求，亲属称谓的产生正是适应了这种要求。用亲属称谓来指代非亲戚关系的人，即通过社会化，亲属称谓就产生了多种意义与用法。如：在哈萨克语里，"ağa"（哥哥）、"qarïndas"（妹妹）、"bawïr"（兄弟）等称谓语最初是在亲戚之间使用的，但通过不断地社会化以后，被使用到非亲戚关系的人当中去。

语言的基本属性是社会性，它的基本功能是交际，因此，人们在进行社会交际时，力求使这种交际工具省时省力。新流行的网络称谓也是如此。网络的逐步普及，使得许多新称谓语开始出现，语言的经济原则在网络称谓中表现得更为突出

---

① 张树铮：《语言学概论》，武汉，武汉大学出版社，2012。

了。网络语言的使用者大多数是富有创造力和模仿力的年轻人，这些年轻人易于接受新鲜事物，编造出许多经济性原则较强的网络语言，正因为如此，网络语言才会推陈出新。现代汉语中先后出现了不少的网络语言，但在哈萨克语中没有相对的称谓词。如："网童""女汉子""女强人"等。近几年，"女神""高富帅""白富美""青蛙"等称谓语以惊人的速度在网络上开始迅速流行，略带调侃和恶搞意味的称谓语由于具有形象生动、经济及易懂的特点，经常被媒体曝光，因此，就成了我们生活中所普遍使用的称谓语。这种少量的语言形式来表示多量的意义，正符合语言的经济原则。

人的生理与精神上的惰性要求语言的经济性，即我们所说的语言的经济性原则，人们在谈话时，为了尽量节省力气的消耗和减轻记忆的负担，能少说就少说，能节省力气就节省，因此，在每个语言中形成了各种各样的简略词语。在每种语言中使用频率最高的是最短的词语，在经济原则的作用下，语言中形成了很多不同方式的简略原则，哈萨克语称谓语也是如此。哈萨克语称谓语词汇层面的经济现象通过对词语的形态进行改变而达成的经济，这些包括截断、合成、简称等。哈萨克语的人名敬称也符合语言的经济原则，即人名首字母或第二、第三字母后加表示人名敬称的后缀来称呼称谓对象。人名敬称是称呼者对被称呼者的尊敬，主要是长辈对长辈或同辈之间的敬称，这种称呼形式不会影响被称呼者的名字，反而加强了对称呼对象的感情色彩，使有些又长又不好称呼的人名简单化，给双方的社会关系与交往创造更方便的条件与环境。哈萨克语中有不少既长又不好发音的人名，在日常社会交际中，这些称谓语给双方的交际带来不少的麻烦，也不符合语言的经济原则。在平时的社会交际中，哈萨克人很少用全名，会用既简略又敬称的人名来称呼。

在平时的交谈中，谈话人借助已经被广泛使用的语言方法来构造新词，以快速传递信息的方法达到想要的目的。如："orman qorğawšï kisi → ormanšï"（护林员）、"narköz beriwši adam → narközši"（麻醉师）、"qoy bağïwši adam → qoyši"（牧羊人）、"sïnïq taŋïwši adam → sïnïqši"（正骨师）、"bürkittï qolğa üyiretïwši adam → bürkitši"（驯鹰猎人）、"baq qarawši adam → bağban"（园丁）、"ara qarawši adam → araši"（养蜂人）等。

在哈萨克语中，书面语完成不了的任务，口语却可以完成。如："inimniŋ kelinšeği"（弟弟的媳妇）在口语中说成"kelin"，"qatïnas saqšisï"（交警）在口语中说成"saqši"，"awïl bastïği"（乡长）在口语中说成"bastïq"等。

三、年龄原则

说话人在不知对方年龄的情况下，常常根据自己与称谓对象的年龄差距与生活经验等来选择恰当的称谓语，年龄原则在恰当使用称呼语方面起着指导性作用。在哈萨克语里，"ülken"（老、大）与"kiši"（小）是一种年龄上的差异，而在称谓使用上敬长亲幼规则也反映了年龄的长幼差异。这从一方面说是一种传统的美德和良好风尚，是一种道德规范，哈萨克族自古以来尊重老人和长者，老人与长者一直受到社会的敬重。从另一方面说，这是一种年龄上的等级差异，年龄代表着资历和权威。新中国成立前，哈萨克族家庭是严格的父亲家长制度，父亲在家庭享有绝对权力，被称为"otağası"（家长），一般情况下，子女和妻子必须听从父亲和丈夫的吩咐。新中国成立后，哈萨克妇女的社会地位不断提高，一些男权主义的封建思想逐渐消失了，但家庭中的有些大事仍然由男人来作主，封建思想的残留还没彻底消失。年龄差异是哈萨克族古代封建家庭系统内等级观念的残余和社会化，年龄是人们交际中的"社会辈分"，晚辈必须尊重长辈。

但是，说话人使用年龄原则的前提条件是说话人的年龄需小于听话人。当听话人的年龄长于说话人时，听话人则多使用姓名称谓、拟亲属称谓或爱称等。因为这与哈萨克族的民族文化与民族价值观念有着密切的关系。哈萨克族注重尊长爱幼，长者为尊。说话人按照对方的年龄来称呼，较多地使用拟亲属称谓，并以晚辈自称，以示尊重。如："Šešey, alaŋsïz bolïŋïz, qam jemeŋïz, balaŋïz jumïsïŋïzdï sözsiz bitiredi"（大娘，您放心吧！孩子会处理好事情的）（他们之间没有母亲与孩子的关系，并非亲属关系）。这里的"šešey"是拟亲属称谓，一般用于不熟悉的陌生人，而"balaŋïz"实际上不是她孩子，这种拟亲属称谓反映了这样的几种情况：第一，说话人与听话人之间的年龄差距。第二，说话人对被听话人的尊重。

四、地位原则

地位原则是与年龄原则相互作用的一条原则。大多数情况下，当说话人的社会地位高于听话人，或者说话人的地位等同于听话人时，说话人根据被称呼者年龄来选择拟亲属称谓语或姓名称谓语等。但听话人的年龄大于说话人时，说话人不能因为地位高而违背礼貌原则，要对长者使用尊称。这时起作用的是礼貌原则与年龄原则，而不是地位原则，这是民族价值观念在语言上的体现。有时，在正式的场合或庄重的会议上，称呼尊敬的、尊重的人时，以其职衔、职位来称呼，如："äkädemiyik Älkey Marğulan"（艾力凯·马尔呼兰院士），"professor Äwelqan Qalïy ulï"（阿吾力汗·哈力教授），"polkovniyk Bawïrjan Momïš ulï"（巴吾尔江·莫木什上校），"doctor Sïrayïl Sïqaq ulï"（斯拉依·斯哈克博士）等。在哈萨克斯坦的哈萨克语中，称呼别人时，以姓名、职衔、拟亲属称谓、姓氏等通用的形式来称呼的情况也可以常见。哈萨克著名作家哈比提·穆斯热甫曾经提到过这样的几句称谓语，如："Nağïz ğalïm Räbiyğa qarïndas Sïzdïqova"（学者，妹妹热比哈·斯额德克欧娃），作者在这里引用了职衔、名字、拟亲属称谓语、姓氏等称呼方式。

哈萨克族在平时的社会交际时，对官员多使用拟亲属称谓语，说话人不想凸显对方的权势与社会地位，称呼对方时，选择拟亲属称谓语，以平等的角度来与他人进行交流，这是因为说话人想故意拉近双方之间的心理距离，或表达对听话人的谦恭之情。

五、礼貌原则

称谓语的使用要遵守一定的礼貌原则，否则称谓语就不礼貌或不得体了。称谓语的礼貌原则是在某种前提条件下产生的，如：说话人与受话人必须处于相同的社会地位，或是受话人的社会地位要高于说话人。礼貌待人是中华民族的传统美德，人们以各种方式表达彼此之间的尊敬、友好与关心，运用称谓语来表达应有的礼节，这是日常生活中常见的社会现象。第一，当说话人与听话人处于相同的社会地位时，年龄原则发挥作用时，礼貌原则也同时起着作用。第二，当说话人的社会地位与社会身份高于听话人时，但听话人的年龄高于说话人时，说话人不能因为社会地位与身份高而违背礼貌原则，而要对长辈采用礼貌客气的称谓语。这时说话人故意违背年龄原则和地位原则，而采用称呼年龄小于自己的听话人，或被指称人为长者而自称晚辈的称呼方式，这时起作用的是礼貌原则。要体现礼貌原则就会选择"贬低自己，抬高对方"的策略方式，以示尊重。尽量使他人得益和尽量使自己"吃亏"。

按照哈萨克语的说话习惯，尊称不仅对陌生人使用，而且在家里也经常使用，如：在哈萨克族家庭里，孩子对家长与其他长者要用尊称，千万不能使用第二人称简体形式"sen"（你），要用第二人称敬体形式，否则是对长辈不尊重和不礼貌。在平时的社会交际中，晚辈对长辈的称呼一定要用尊称，这是由哈萨克族的社会制度与风俗习惯所决定的，是意识形态在语言上的反映，是哈萨克族价值观念在称谓上的表现。在哈萨克语中表示礼貌的尊称与谦称繁多，如：哈萨克族以前对最高统治者称谓主要有："taqsïr"（陛下）、"aldïyar"（陛下）、"xan yem"（可汗陛下）、"patïša ağzam"（王陛下）等；在称谓自己时，所使用的谦称有："qarašaŋïz"（平民）、"jamanïŋïz"（鄙人）、"paqïrïŋïz"（不才）、"šäkirtïŋïz"（学生）、"tuyağïŋïz"（晚辈）、"bawïrïŋïz"（晚辈）、"inïŋïz"（弟弟）、"inišegïŋïz"（您的小弟）、"qarïndasïŋïz"（您的妹妹）等。

六、亲疏原则

亲疏原则是选择称谓语的普遍性原则，在人际关系中人们非常重视亲疏观念。在日常交往中，说话人常常根据自己与受话人的亲疏关系来选择称谓语，尤其是对陌生人使用拟亲属称谓，显得亲切、热情，有信任感。当听话人与说话人或被指称人不熟悉时，经常选择较抽象的拟亲属称谓来称呼对方，如："ağay"（叔叔）、"apay"（阿姨）、"bawïrïm"（兄弟）等。或选择通用称谓来称呼对方，如："joldas"（同志）、"sabaqtas"（同学）、"dos"（朋友）等。当说话人与听话人或被指称人所熟悉时，说话人或选择人名敬称，或选择"名+亲属称谓"的称呼方式。如："äbeke"（äbdinur 的敬称）、"mural ağä"（木拉力哥哥）、"näzim apay"（娜孜木阿姨）等。

第五章　哈萨克语社会称谓语的社会文化研究

第一节　哈萨克语中某些社会称谓语的时代变迁与成因

社会语言学家认为，称谓语的特定语言和社会文化、历史文化等息息相关，因此，称谓语可以折射出一定的社会历史文化、社会结构等。我们也可以从社会语言学的角度对社会称谓语的变迁与成因进行研究。语言是人类社会交际中不可忽视的主要工具，是人们相互交流感情、表达各自思想的桥梁。语言随着社会的进步与发展而会有所变化，语言是最敏锐地表达人类社会生活和社会思潮的交流符号，当社会生活发生变化时，反映这个社会生活的语言也会有所变化，有些词汇会消逝，有些词汇的意义会变化，有些词汇的词义缩小，甚至有些词汇的意义会转移或引申，产生反映这个新社会、新事物的新的词汇。这些新词汇便立即适应新社会生活的实际情况，满足人们的实际所需与新的需求。社会称谓语也是如此，它是人类交际活动中最主要的特殊符号，它除了语言符号所具备的指称功能之外，还包含了交际双方各种各样的关系等特殊内容。称谓语不仅仅是人和人之间的区别符号，它还折射出了使用者的特定的社会心理、经济、思想观念、价值取向等种种的文化内涵。

称谓语是指"其指称对象是人的，由于身份、职业、性别等而来的，反映了人们的社会关系的一套名称"[①]。从总体来讲，称谓语大致分为两大系统：亲属称谓语和社会称谓语。亲属称谓语系统在具有亲属关系的人们之间使用。社会称谓系统在不具有亲属关系的人们之间使用，具有社交功能。语言和它之外的文化之间是一种作用和反作用，即相互影响、相互制约的关系，就是说，语言和文化间的关系，是双向的影响制约关系，语言对文化有影响有制约，文化对语言也有影响有制约。"同一民族的人在使用同一语言的过程中，不断赋予该语言以独特的民族文化特征，使之更加适应于本民族人民的生活和心理。而共同的语言又约束、影响着使用该语言的每一个成员，能够造成一种维系该民族独立、统一的凝聚力和民族感，形成一种共同的思维模式和认识世界、表达世界的方法，从而产生独具特色的民族文化。当然，语言对文化的限定和文化对语言的限定在程度、着重点和表现形式上是不完全等同的，而且在不同社会、不同时代也有不同的特点。语言除了对文化有限定

---

① 马宏基、常庆丰：《称谓语》，5 页，北京，新华出版社，1998。

作用外，还能够记载文化和反映文化。"①

所以说，社会称谓语的变化不仅仅是语言的变化，它还涉及人类文化更深层的问题。本章摘取"qatïn"（妻子）、"mïrza"（先生）、"xanïm"（夫人）等称谓语，试图从这些称谓语的历史演变入手，对这些称谓语发展变化与泛化的表现及原因作些粗浅的分析，探寻词汇义的演变方式，从而加深对词义的理解与掌握。

称谓语是语言的主要组成部分，不同时代的不同特点充分体现在称谓语上，因此，称谓语被打上了时代的烙印。"qatïn""mïrza""xanïm"等称谓语的产生、发展到演变都经历了一波三折、错综复杂的社会道路，它们在不同时代充当了不同的社交角色，在某种程度上反映了不同时代人们的心理需求与欲望。

一、"qatïn"（老婆）称谓语的演变

"qatïn"一词在《哈汉词典》中有以下解释：① 妻、妻子、妻室、老婆、爱人。"erlï qatïn"（有夫之妇）、"Eri aqïldï, qatïnï minezdi bolïp tatïw bolsa üy koŋïldï boladï"（夫有才，妻子有贤，和睦生活合家欢）。② 已婚的女子、妇女的通称。如："Bul qatïndardïŋ üy jumïsï"（这是妇人们的家务活）。"Qatïndardïŋ ayïtqanï kelmey qoymaydï"（妇女们的话说到就能办到）。③（引

---

① 何俊芳：《语言人类学教程》，94—95页，北京，中央民族大学出版社，2006。

申义）胆小鬼。"Qatïn qusap uyge tïğïlïp almay, jigit bolsaŋ sïrtqa šïq"（别像个女人似的躲在屋里，有本事的话就像男子汉一样出来当面谈谈）。④ 小老婆、妾。"Kišilikke jas qatïn aldï"（他又娶妾了）。"qatïn-bala"（老婆与孩子、家人）。"Ol qatïn-balasïn asïray almaytïn ezdïŋ özi"（他是个不会养家的窝囊废）。

"qatïn"（妻子）原来是指正妻、夫人，后来是已婚女人的通称，它在许多民族与其他一些语言中都经常出现。现代语言中的"qatïn"（妻子）一词有两个不同的语音变化，一是"q"或"k"字母开始的，如：哈萨克语中"qatïn"、巴什基尔语"kätïn"、柯尔克孜语"qatïm"、阿尔泰语"qadïn"等。二是"x"字母开头的，如：塔塔尔语中"xatïn"、乌孜别克语中"xotyn"、蒙古语中"xatan"、雅库特语中"xotwïn"、维吾尔语中"xotun"等。①

"qatïn"（妻子）是古老的词语，在古代碑铭文献与后来的历史记载和文献资料中都能遇到这个词，"qatïn"是在汉语中"可敦"来拼写，古语中汗的正妻，地位最高的女人，回鹘可敦的政治地位是相当高的，史载："可敦自有牙帐，命二相出入账中。"②

从以上例子中我们不难发现，古代时期"qatïn"（妻子）称谓语的使用频率相当高，"qatïn"（妻子）的社会地位与威信也是挺高的。"qatïn"（妻子）称谓语不仅仅在古代文献中

---

① R.Sïzdïqova 等编著：《哈萨克语简明词源学词典》，158 页，北京，民族出版社，1987。

② 刘美崧：《两唐书回纥传回鹘传疏证》，95 页，北京，中央民族学院出版社，1988。

出现，而且在 15 世纪以后的哈萨克英雄叙事诗等口头文学中也能见到，如，《叶德盖英雄》中 "Edige ketkesin toqtamïs xanǧa qatïnï ayïttï: 'qorïqtïŋ ba, qorïqpadïŋ ba, mina iyneni qarašï dedi.'"（叶德盖走了以后，托合塔木斯汗的可敦对他说："你害不害怕了，瞧瞧这针吧！"）；《帕尔帕热亚》中 "Sonda äyeli söyleydi, soylegende büy deydi"[①]（这时老婆这样说话了）。但这时 "qatïn"（妻子）与 "ayel"（老婆）两个称谓语同时出现。

原来带有褒义色彩的 "qatïn"（妻子）称谓语在历史的长河中逐渐就具有了贬义色彩，尤其是"重男轻女"的封建社会中，"qatïn"（妻子）称谓语词义引申为胆小、胆怯、无能等贬义，词汇意义有了变化。如："Qatïnnïŋ šäšï uzïn, aqïlï qïsqa"（女人的头发长，见识少）、"Qatïn bastaǧan köš oŋbaydï"（女人带头，不会有好下场）、"Qatïn bolmasam, senen nesine qorqamïm"（我又不是女的，何必要害怕你）等。但 "qatïn"（妻子）在蒙古语中还是保持了原来的"夫人、大人之妻"之意。

随着时代的发展，人们的思想观念与社会需求的更新，会产生新的称谓语来满足社会新的需要。新中国成立以后，我国走上了社会主义道路，社会面貌有了新的变化，反映旧社会生活的词语逐渐被淘汰，形成了新的称谓语。受俄语的影响，带有革命色彩浓重的一些词语在社会交际中开始广泛使

---

① 新疆维吾尔自治区语言文字委员会编：《勇士》（上），60、101 页，伊犁，伊犁人民出版社，2006。

用。"joldas"（同志）一词原意为"志同道合的人"，此时，"joldas"（同志）称谓语慢慢渗透到社会各个行业和领域，演变成了社会通用的称谓语。① "joldas"（同志）称谓语是新中国成立以后到 20 世纪 80 年代之间最流行、最具有代表性的社交称谓语的通称。这一时期，在"男女平等"思想的倡导下，人们到底要使用"qatïn"（妻子），还是"äyel"（老婆）等称谓语就产生了尴尬状态，最尴尬的是不知道如何选择最得体的称谓语。后来带有蔑视女人色彩的"qatïn"（妻子）一词逐渐被人忽略，失去了生存的土壤，其社会功能渐渐地缩小了。"äyel"（老婆）称谓语来自于阿拉伯语，在阿拉伯语中读成"ğayal"，它在哈萨克语中有一些语音变化，阿拉伯语中原来的意义是"女婢、女仆"，哈萨克族文化受到其他文化的影响，"äyel"（老婆）称谓语就进入哈萨克语中，和"qatïn"（妻子）称谓语一起使用，并具有了等同地位，经过漫长的时间，随着社会的发展与人们思想观念的更新，渐渐地占据了主导地位，"äyel"（老婆）一词成为哈萨克语社交称谓语之后便失去了原来的意义，只表示"老婆"之意。原来表示尊敬的、地位较高的称谓语"qatïn"（老婆）就逐渐被人忽略，并带上了贬义色彩。新中国成立后，"同志"一词逐渐地代替了"äyel"（老婆）的社会功能，在当时的社会生活与社交称谓语中是使用频率最多的通称，也就成为了夫妻之间的称谓语。

如："Kempir joldas dedi Ayïtpay julïp alğanday…, ayelï

---

① 沈颖青：《论现代汉语通称产生的途径》，67—68 页，载《邵阳学院学报》（社会科学版），2002（5）。

joldas degendi jaratpawšï edi: joldasïŋ ne?...qatïn da deme kempïrïm dey ber dedï"（阿依特拜说：老婆子同志……但老婆不喜欢听"同志"这一称谓语，她立即说："请别说什么同志，也别说什么妻子，就叫我老婆吧！"）；"Jazïp qoy, Sälyma duyjaŋdï qatïn degender äyelder teŋdigine qarsï"（请记下来，把萨丽玛队长说成婆娘的人都可以看作是反对男女平等的）。

语言作为一个社会现象，其发展与演变必定会受到周围环境的影响。随着我国的经济繁荣与国际交往的加深，在社会交际中形成了新的称谓语。中国哈萨克语称谓语深受汉族文化的影响，并与国际称谓语接轨，在哈萨克语传统构词的基础上产生了不少新的称谓语，旧的称谓语也在发挥着更强的生命力，使得语言得到更丰富的发展，也更加丰富了哈萨克称谓语的内容。直到现在，虽然"qatïn"（妻子）一词的使用范围较小，但是并没有彻底消失，反而变成口语。在书面语中使用较多的词语主要有"äyel""zayïp""jubay""jar""qosaq""jamağat"等，这些词语都是"妻子"之意，其中有的词是俗语词，有的词是口语词。20 世纪开始最流行的称谓语是"爱人"（Jar、Jubay），说"äyel"（女人）觉得女性味太浓，说"qatïn"（妻子）显得太俗气，说"kelinšek"觉得尽是乡里味。现在"joldas""同志"称谓语在夫妻之间很少使用，"äyel"（妻子）称谓语较正式且大众化，重新恢复为夫妻之间丈夫对妻子的称呼，"xanïm"（夫人）称谓语则较典雅庄重，适合在正式场合使用，既适用于丈夫对妻子的称呼，也适用于其他人对有夫之妇的称呼。

二、"mïrza"（先生、老爷）称谓语的演变

"mïrza"是阿拉伯语，原来是"ämyrzada"，阿拉伯语中的"ämiyr"（首领、官史）与波斯语中的"zada"（孩子）合并为"ämyrzada"（官史之子），而哈萨克语中这一词缩略成为"mïrza"（巴依之子）。"mïrza"称谓语在《哈汉词典》中有以下几种解释：①"mïrza、bay-patïša"（达官贵人、老爷、先生、君子）；②"keŋ qoltïq、jomart"（大方的、慷慨的）；③"mïrzalïq、rettï"（油头粉面的、穿戴讲究的、衣着华丽的）等。

"mïrza"（先生）称谓语起初是对贵族阶级或有钱家的巴依（富翁）的儿子使用的。哈萨克人过去把衣着华丽的，有吃有喝的老爷的儿子通称为"mïrza"（少爷、公子），如："Bay, osï mïrzaŋïzdïŋ esimi qalay? Qïzdïŋ atïn qoyğansïzba?"（巴依，您家少爷的名字是怎么取的，取的是女孩子的名字吗？）；"Tez dastarqan jayïŋdar! šäylarïŋda qaynap turğan körinedï, korïm boldï, toŋïp ketken syaqtï mïrzalar! dep qoydï. -qïmïz toŋdïradï-aw, ä, bäybiše!"（他说：快快准备桌布，水开着呢，太好了，看来少爷们被冻坏了，大老婆呀，少爷们喝马奶子会不会被冻啊！）。

"mïrza"（先生）称谓语是古词，过去主要是普通群众称呼上层首领、贵族与巴依等社会地位较高的社会群体时所使用的，普通老百姓之间很少使用，带有一定的阶级色彩和社会特点。如：M.艾维佐夫的《阿拜》著作中，把库南拜称呼为

"mïrza"，这是对贵族群体的尊敬称谓。"mïrza"（先生）称谓语在当时贵族群体中已经成为普遍使用的社会交际通称。

新中国成立以后，我国人民的社会生活有了巨大的变化，社会称谓语也有了质的变化。有些传统的称谓语发生了巨大变革，有的或词义变化，赋予了新的含义，或使用范围越来越缩小，逐渐退出了历史的舞台。当时"mïrza"（先生）称谓语被看作落后词，渐渐退出社会交际场合。

改革开放以后，我国社会与国际社会开始接轨，国家与国家之间的交流日益频繁，国外社交通称开始进入我国社会生活的各个领域。如：英语的"lady"（女士）、"gentleman"（先生）等带有尊重色彩的称谓语被普遍使用，汉语旧有的"女士""先生"称谓语重新开始使用。为了满足当时人们日益增长的求新的需求，就把"xanïm"（女士）、"mïrza"（先生）称谓语也用起来。一开始"mïrza"（先生）称谓语的使用范围仅限于有知识、有社会地位的男性，现如今该词使用范围更广泛，不管有没有社会地位，甚至女性或素不相识的男性都配得上该通称了。还有，现在对国家、对人民做出贡献与大方捐款的人都可以称呼为"mïrza"（慷慨的、大方的人），如："Qayrat mïrza aynalamïzdağï joq-jiyikke komektesip, awïldastarïmïzdïŋ maqtanïšïna aynalïp otïr"（海拉提先生乐善好施的行为，成了父老乡亲们交口称赞的美德。）

三、"xanïm"（夫人）称谓语的演变

"xanïm"（夫人）阿拉伯语，妇女、公主之意，它有以下几种意思：①王后、皇后；②夫人、太太、女士。

"xanïm"（夫人）称谓语以前是对皇后或巴依的妻子使用的尊敬词。如："xannïŋ xanïmï"（可汗夫人）、"baydïŋ xanïmï"（巴依夫人）、"aqsuyek xanïm"（贵族夫人）等。其使用范围只限于特殊的贵族群体中。新中国成立以后"xanïm"（夫人）称谓语的使用范围更加缩小，甚至一时消逝了。20 世纪 80 年代后，在社会需求的迫使下，许多旧词重新使用，弥补了称谓语的缺环现象，"xanïm"（夫人）称谓语实际上是旧词新用。它是对女性的尊敬称谓词，在等级制度森严的时代，它只限于称呼贵族夫人，现在已经失去了以前的意义，成为在社会生活各个领域中对所有女性广泛使用的通称，尤其是在政治界、文学界、文艺界与其他正式的、非正式场合中广泛使用，其使用对象不像以前一样受地位、婚姻状况、年龄等因素的限制，在哈萨克斯坦的哈萨克族中，这个女性称谓语使用的频率更高，如："Tamara xanïm"（塔玛热女士）、"Gülnur xanïm"（古丽努尔女士）等。

总之，社会环境与社会因素决定了社会称谓语的产生、发展与演变，社会称谓语又反过来反映了社会风尚、审美价值、时代特征等。在社会需求不断增长的今天，各民族之间的文化交流将会更加亲密，文化间相互融合、相互影响，使称谓

语的内容更加丰富，哈萨克人将会制造出更多称谓语来满足日益增长的社会需求，同时以上提到的称谓语将会继续发挥自身的作用与社会功能。

第二节 哈萨克语社会称谓语中的性别特征

所谓性别称谓语就是以性别差异为主要区别特征而形成的称谓词语。[①] 社会称谓语作为语言的主要组成部分，具有一定的民族文化特征，在某种程度上反映了一个民族的世界观念与家庭伦理道德观念。当然，语言和性别是有关系的，这是不可否认的事实。叶斯珀森（Otto Jespesend）在 1922 年出版的《语言》一书中曾指出，有关论述女子言语表达特点的最早文献要追溯到十七世纪中叶。[②] 性别不同，在语言的使用上肯定会表现出或多或少的差异。我国经历了一个漫长的封建社会，以男性为中心的传统文化，把女人排除在社会之外，在称谓语的运用上，表现出男尊女卑的社会文化特征。性别歧视是以所属性别而产生的歧视现象，虽然现如今女人都获得了自身的自由，但语言中的性别歧视没能彻底消除，在称谓语的使用上，能够多多少少地反映出来。这种性别歧视是每种语言中都存在的社会现象，即通过用法、形式、结构等来歧视其他性别的语

---

① 许秋华：《九部宋人笔记称谓词语研究》，127 页，济南，山东大学，2013。
② 马宏基、常庆丰：《称谓语》，130 页，北京，新华出版社，1998。

言现象。性别歧视既包括男性的歧视，也包括女性的歧视，但是在日常生活中，对女性的歧视较为多一些。

语言中某些词汇是标记性的、已成为约定俗成的、不可改变的社会现象。这种现象在哈萨克语言中也表现得格外突出，下面从哈萨克族称谓语的性别词汇的标记性与性别词汇的语用等方面来探讨一下哈萨克语中所反映出来的性别歧视。

一、哈萨克语称谓语中的性别词汇的标记性

在以男性为中心的语言世界里，女人成为了客体，被当作男人的附属物，这种社会现象在语言中更能凸显出来。"adam"（人）一词在哈萨克语中除了泛指男人和女人之外，还指成年男人。如："Ayeli küyewine: bir adam seni izdep kelipti dedi"（媳妇对丈夫说：有个人来找你）。这里的"有个人"指的是男人，如果是指成年女性的话要说："Bir ayel seni izdep kelipti"（有个女的过来找你），"adam"（人）是带有标记性的性别词汇，人们理所当然地认为过来找的是男人，而不是女人，若是女人就需要特别强调。"bala"一词在哈萨克语里泛指"孩子、娃娃"，但在"Äy, balam, sen kimniŋ balasïsïŋ?"（哎，孩子，你是谁家的孩子？）这一句子中的"balam"指的是男孩子，要是女孩子则要用"qïzïm"（女孩儿）一词代替"balam"，说成"Äy, qïzïm, sen kimniŋ qïzïsïŋ?"（哎，女孩，你是谁家的女孩儿？）。人们很少说"Äy, ulïm, sen kimniŋ ulïsïŋ?"（哎，男孩，你是谁家的男孩儿？）。可见，现代哈萨

克语中本来泛指孩子、儿童的词只是指"男孩儿",在大多数情况下,女性是排在男性后面的次要性别。

在某些职业性的称谓语中,有些词汇本来是没有性别标志的,指称对象男女皆可,但人们习惯把它当作男性词汇来看待。在人们的思维定势中,这类称谓语似乎也成了男性词汇。如,"xan"(可汗)、"wäzir"(大臣)、"malšï"(牧人)、"general"(将军)、"šofer"(司机)、"äkim"(县长)、"diyrektor"(经理)、"bastïq"(领导)、"elši"(大使)、"adïwakät"(律师)、"otašï"(接骨匠)、"doxtïr"(医生)、"jazïwšï"(作家)等。如果指称对象是女性的话,前面加"äyel"(女)。如:"äyel bastïq"(女领导)、"äyel saqšï"(女警察)、"äyel doxtïr"(女医生)、"äyel jazïwšï"(女作家)等。这些称谓语的使用上一般前面不加"er"(男)一词,这些职业词汇从表面上看,似乎是为了强调和突出,实际上,在过去社会中,地位较高的职业几乎被男人垄断,女人寥寥无几,这些词汇特指男性,也就是理顺成章了。

二、哈萨克语性别词汇的语序特征

在现代哈萨克语有关男女的词汇中,词素结构顺序一般是男在前,女在后。如,"äke-šeše"(父母)、"er-äyel"(夫妻)、"ul-qïz"(青年男女)、"ata-ana"(父母)、"erlï-baylï"(夫妻)、"erlï-zayïptï"(夫妻)等。但也有例外,如:"qïz-jigit"(姑娘小伙儿,有时特定场合下也指"新娘新郎")、"qïzul"（青年男女）等。在大多数情况下，男性在先，女性在后，如果我们从音节方面来考虑的话（音节少的在先，音节多的在后），固然可以理解为音节原因，但像"ata-ana"（父母）等音节数一样的称谓语的位置是不能随便换的，是约定俗成的，从中我们清楚地看出来社会对女性的认知，这种认知涉及人们对社会、文化等诸多方面的因素。在哈萨克语中，男性与女性同时出现时，在称谓语的选择上男性在先、女性在后等情况更加表现出社会对女性的认知。

第三节　哈萨克语禁忌与避讳

哈萨克族在漫长的历史长河中，形成了草原游牧文化，在其语言中我们不难发现草原文化的特点，辽阔的草原孕育了丰富多彩的哈萨克文化。按照旧的观念来讲，在语言学中不能直接称呼名字的词语叫做"塔布"（禁忌）[①]。哈萨克族有句谚语："Tïyïmsïz eldïŋ jastarï dïywana"（无规矩不成方圆），这个谚语充分肯定了禁忌的社会功能与作用。禁忌是世界范围内普遍的社会现象，它是人类社会生活不可分割的一部分，与人类的风俗习惯、宗教信仰、伦理道德息息相关，禁忌在调整社会秩序，解决社会纠纷，创造和谐社会等方面起到积极作用。

[①] Ğ.qalyev, Ä.Blğanbayev: qazirgï qazaq tiliniŋ leksiykologyasï men Firazeologïyasï, almatï: sözdik-sïlovarï baspasï, 1998.

下面从禁忌和避讳的来源入手，具体说明禁忌和避讳在现实生活中的使用价值与社会功能。

一、禁忌与避讳的异同

禁忌是构成社会控制的有力手段之一，是人类自我约束的产物。而避讳是封建时期为了维护家族等级制度的尊严，对家族权威或有声望的人名的一种回避，避讳这种个人行为，实际上是以部落或部族全体人的利益为指向的，通过约束自己的行为来达到保佑全族的目的。

原始禁忌更多的是人与自然之间的关系，原始禁忌主要是对人或物的禁忌，以此来达到人和自然的平衡，最终起到有利于本部落或本部族利益的作用。避讳是哈萨克族古代最突出的文化现象之一，这一现象与禁忌有着密切关系，它与禁忌是一脉相承的，禁忌是以原始思维为基础的，体现人与外部世界的密切联系，而避讳则发展成为以现代思维为基础，体现了人与人之间的社会关系。哈萨克语中，禁忌对象不分性别，包括男性、女性、成人、孩子、王、老百姓等，即社会中的所有人都成为禁忌对象，而避讳则不同，禁止女人直呼长辈、德高望重的人的名字，禁止直呼男方亲戚的姓名。它们的区别表现在对象、关系、惩罚等方面，而由原始禁忌发展到避讳，正与社会发展的进程相协调，逐渐成为女人遵循的社会道德规范。

二、禁忌与"避讳"的文化内涵

哈萨克族的禁忌大体分为以下三类：第一，有关人的禁忌；第二，有关社会的禁忌；第三，有关自然界的禁忌等。[①]这三种禁忌的中心当然是人，人与人的关系，人与社会的关系，人与自然界的关系通过禁忌显现出来的。"讳称"属于社会禁忌范围，已婚妇女不能直呼其公公婆婆的名字或丈夫和其他近亲的名字，包括比自己年龄小的。需要称呼的话，则以其他词来代替。

"避讳"在哈萨克语中叫作"at tergew"，它是在漫长的文化历史长河中形成的民族色彩较浓重的民俗文化现象。"避讳"一开始为统治阶级服务，它是宣传统治阶级思想意识形态的最有效的工具之一，对德高望重或首领的尊重称呼，避讳直呼人名，但后来逐渐渗透到日常生活，并成为妇女们需要遵循的道德礼貌与规矩，甚至成为衡量哈萨克族妇女智慧和才能的标准，体现了尊长爱幼的传统美德。众所周知，法律还没形成之前，"禁忌"是人人遵守的社会道德规范，其势力涉及社会生活的方方面面，任何社会公民都不能违背它，它以道德礼貌来影响和控制社会秩序。父母是家庭支柱，尤其是女人在家庭中起着非常重要作用，哈萨克族有句谚语："Äyel bir qolïmen besik terbetse, bir qolïmen dünyeni terbetedï"（女人用一手摇摇篮，用一手摇世界）（直译），这一谚语充分肯定了女人的社会地位与社会角色，因此，女人的教养与知识直接影响到孩子

---

① A.seydïmbet: qazaq älemï, almatï: sanat baspasï, 1997.

的将来，乃至影响到整个社会，"避讳"用得适当与否会反映出女人的教养素质，如果用得合理，那她将成为每个人学习和效仿的对象。所以就这一点来讲，我们绝对不能忽视"避讳"的教育作用。"避讳"既是文化现象，也是语言现象，它充分表明了哈萨克语的特殊规律与规范，对研究哈萨克语的发展规律与词源等方面有着不可忽视的作用。

其实，"避讳"不仅仅是哈萨克族社会生活与风俗习惯的特点，也是世界各民族所共有的特殊民俗文化。英国人类学家詹姆斯·乔治·弗雷泽在《金枝》一书中说道，澳大利亚土著一般都不让大家知道自己的名字；古代埃及人都有两个名字，一为真名（大名），一为好名（小名），好名是大家知道的，真名则小心隐瞒不让别人知道。卡非人的妇女不得公开讲他丈夫或丈夫兄弟中任何一个人的乳名，也不得使用只表示一般含义的这些禁忌词，假如她丈夫名叫乌姆帕卡，此字系从"英帕卡"（以为小猫似的动物）转来，她便不能说"英帕卡"这个字，而只能以别的字代替，荷属新几内亚的努福尔人在男女双方订婚以后，两家人相互不得说对方亲属的名字，连同音词也要小心翼翼地加以避讳。①

以上例子中我们不难发现，人类对人名是非常敏感的，这或许与语言神力信仰有着直接的联系。当时语言具有神秘力量的观点是根深蒂固的。所以称呼某事物或某人时故意躲避，或采用另外词来代替。尤其是在过去可汗、皇帝等上层人物被认为是上帝之子，直呼其名不仅不尊重，而且还会招致灾

---

① 曾昭聪：《人名禁忌及文化内涵》，28 页，载《华夏文化》，2001（1）。

难。这种观念在汉族文化中体现得更加明显。如：古代汉语中有所谓的讳称，即出于对某些人物的尊敬或畏惧，不能直呼其名字，而对其名字所用的字加以回避，凡涉及该名字所用字之处，均改用其他方式来表示。秦始皇名政，就避"政"字，把正月改为端月。唐太宗李世民，人们就避"世"字、"民"字，改"世"为"代"，改"民"为"人"。[①]这种"讳称"的称谓方式，在现代汉语中已基本消失。

通过比较发现，"避讳"是一个国际性课题，国内外许多民族的民俗文化中都能见到它的印记，哈萨克族妇女不仅不能称呼丈夫家庭成员、近亲的人名及他所在的阿吾勒和部族的名称，而且要避讳与人名相同的事物的名称，否则就是对那些长辈或其他人不尊重，会被认为有失于礼。如：人名或部落名中有这些避讳人名的话，以其他词来称呼，"totïqus"（孔雀）讳称为"ädemi ušar"（美丽的飞行物）、"qapšïq"（钱包）讳称为"porïtmal"（维吾尔语，也是钱包之意）、"šege"（钉子）讳称为"mïq"（维吾尔语，也是钉子之意）、"qošqar"（公羊）讳称为"qoy atasï"（羊之父）等。

哈萨克语"避讳"的对象是各种各样的，从相同的人名与事物名称到地名、部落名、牲畜名、自然界当中的万物都被列为避讳范围，因为人名是无限的，哈萨克族所生活的自然环境中的自然物、动植物等都可以成为人名对象，哈萨克族的生产生活与这些东西息息相关，离开了这些东西，哈萨克族将失去生存的土壤，因此和这方面相关的人名是频繁出现的。哈萨

① 马宏基、常庆丰：《称谓语》，100页，北京，新华出版社，1998。

克族妇女避讳时，会更加小心翼翼，避免出现差错，认为这样不仅为自己带来面子和社会地位，也会为整个部落争取荣耀。

三、哈萨克语禁忌与避讳的主观内容

"避讳"主要是女方（已婚）称呼男方亲戚时所使用的，是非常严格的民俗规矩，但男方（已婚）也不能随随便便称呼岳父、岳母或其他长辈的姓名，否则是不尊重、不礼貌的。男人称呼长辈时没有使用代名词的要求，而妇女则恰恰相反。一般妇女"避讳"丈夫亲戚时，尽量采取种种办法以躲避被称呼的人名。哈萨克族的"避讳"是普遍性、全民性的习俗，哈萨克族的"避讳"不是杂乱无章、任意编造的，而是有严格规律的，是主观内容与客观属性的有机结合。"避讳"的主观内容与客观属性的结合主要有如下几点。

（一）对部落氏族与阿吾勒的避讳

哈萨克族妇女尽量避免直呼部落名或阿吾勒名，以相近或相似意义的词来代替部落名或采取其他办法，如："torğay"（麻雀）部落被称呼为"kiškene qus"（小鸟）；"temir"（铁）被讳称为"qara metal"（黑色的金属）；"körpeš"（阔尔帕什）被讳称为"juwïrqan"（朱尔汗）；"qara"（喀拉）被讳称为"baran"（巴兰）；"künbay"（坤拜）被讳称为"jarqïn"（加尔恒）；"jarmuqamet"（加尔穆哈买提）被讳称为"qabaq"。

（二）以人的年龄差距来称呼的讳称

这一称呼主要是以自己丈夫年龄为准来讳称，如：

年龄比丈夫大的人被避讳为 "ata"（媳妇对公公的称呼）、"apa"（媳妇对婆婆的称呼）、"äje"（儿媳妇对丈夫奶奶的称呼）、"ülken ata"（儿媳妇对年龄大的爷爷的称呼）、"ülken apa"（儿媳妇对年龄大的奶奶的称呼）等。

对丈夫的亲哥哥、亲姐姐、亲弟弟、亲妹妹，并对其爱人的讳称有："ülken ağa"（大哥哥）、"kiši ağa"（小哥哥）、"kiši ata"（媳妇对公公弟弟的称呼）、"täte"（媳妇对妯娌的称呼）、"jaqsï ağa"（好哥哥）、"tete ağa"（年岁相近的哥哥）、"teteles"（嫂子对小叔子的称呼）、"ortanšïm"（嫂子对小叔子的称呼，中间之意）、"kenjem"（嫂子对小叔子的称呼，小的之意）、"aqïldas"（嫂子对小姑子的称呼）、"erkem"（嫂子对小姑子的昵称）、"erke bala"、（嫂子对小姑子的昵称，调皮之意）、"jeŋeše"（媳妇对妯娌的称呼）、"äeke"（媳妇儿对妯娌的称呼）、"ülken abïsïn"（媳妇对大妯娌的称呼）、"kiši abïsïn"（媳妇对小妯娌的称呼）、"ülken ağanïŋ kelinšegï"（媳妇对大妯娌的称呼）、"kiši ağanïŋ kelinšegï"（嫂子对小叔子媳妇的称呼）等。

对年龄比丈夫小的其他男孩、女孩的讳称有："mïrza jigit"（对男孩儿的称呼，潇洒的小伙子之意）、"seri jigit"（对男孩儿的称呼，爱打扮的小伙子之意）、"molda jigit"（对男孩儿的称呼，有文化的小伙子之意）、"töre jigit"（媳妇对男孩儿的昵称，有望之意）、"sulïwïm"（对女孩儿的称呼，美丽之意）、

"mïrza qïz"（儿媳妇对女孩儿的昵称，喜爱打扮的）、"sïlqïm"（儿媳妇对女孩儿的昵称，爱打扮的姑娘）、"atï teis qïz"（名字不能称呼的女孩儿之意）、"tulïmdïm"（媳妇对男孩儿的昵称）、"burïmdïm"（媳妇对女孩儿的昵称）等。

（三）根据避讳对象的相貌形态、擅长、话语、行为特点等来称呼的避讳词

如："qara köz"（黑眼睛）、"uzïntïra"（高个子）、"altïn šäš"（金头发）、"däw murïn"（高鼻子）、"bota köz"（骆驼眼睛）、"ismer jeŋge"（擅长缝纫的嫂子）、"sözšeŋ äpke"（能说会道的姐姐）、"sïlbïr qaynïm"（动作较慢的小叔子）。哈萨克语中有时也能见到戏谑避讳，主要适用于那些与丈夫年龄相差不大的人，具有玩笑之意。如："qazan bas"（大头）、"may bas"（头油的）、"bïrtïq"（矮个子）、"badïraq köz"（大眼睛）、"sarï jelïm"（缠着不放的）等。

（四）根据避讳对象的性格特征、职业、职务等来称呼的避讳词语

如："tentegim"（调皮的）、"jomarït qaynïm"（慷慨的小叔子）、"jïwas aǧa"（老实的哥哥）、"jïlqïšï ata"（放马老人）、"küyši ata"（弹冬不拉的老人）、"temirší jigit"（铁匠小伙子）、"qoyšï aǧa"（放羊的哥哥）、"momïn aǧa"（老老实实的哥哥）、"šofer aǧa"（司机哥哥）、"kesteší qïz"（刺绣的姑娘）等。

（五）同一个部落的媳妇儿们对部落里德高望重的人称呼的避讳

如：对首领、头目等人的避讳有："el ağası"（首领）、"bilgir ata"（有远见的老人）、"ybalï äje"（有教养的奶奶）、"biy ata"（毕老人，毕是旧官名）、"bastïq ağa"（长官哥哥）、"köregen kisi"（智慧较高的人）、"qajï ata"（哈吉老人，去沙特阿拉伯麦加圣朝平安回来的人一般被称为"哈吉"）等。如果避讳对象是知识分子的话，称呼的避讳有："bağban ağa"（园丁哥哥）、"bapker ağa"（教导哥哥）、"közi ašïq ağa"（眼界开阔的哥哥）、"bilimdï ağa"（有学问的哥哥）等。如果家里来人需要称呼其名时，就讳称"qaynïm attas"（与小叔子名字一样）、"qayïn siŋilim attas"（与小姑子名字相同）、"molda ağa attas"（与毛拉哥哥的名字相同）等。

哈萨克人名多与自然界中的动植物等有关，避讳对象人名时，用另外词语来代替人名

如："buqabay"（公牛巴依）、"qarağay"（松树）、"qasqïrbay"（狼巴依）、"sari sïw"（酸奶的水）、"biye"（母马）等词语被避讳为"azban"（阉割的牛）、"uzïn ağaš"（长树）、"böri ata"（狼阿塔）、"šiyki sïw"（生水）、"sawar"（挤奶子的马）等。

哈萨克妇女避讳时，故意把人名中的首字母说成别的字母，以另外一个字母来代替人名首字母。

如："Älim-Sälim"（阿力木－萨力木）、"Äset-Mäset"（艾赛提－买赛提）、"Tursïn-Mursïn"（吐尔逊－穆尔逊）、"Jaqïp-

Maqïp"（贾合甫·马合甫）等。

哈萨克夫妻之间有时不直呼其名，如："otaǧasï"（家长）、"siz"（您）、"üydegi kisi"（家妇）、"balanïŋ äkesi"（孩子他爸）、"balanïŋ šešesï"（孩子他妈）等讳称。哈萨克语中"ul"（男孩儿）、"qïz"（女孩儿）被避讳为"qoyšï""jïlqïšï"或"tayaq ustar""taqïya tiger"等。

四、哈萨克语禁忌与避讳的民族特点及语言特征

在哈萨克族的现代社会中，禁忌与避讳仍然存在，它或多或少地影响着哈萨克人的日常生活与社会风俗习惯。禁忌虽然是原始社会留下来的一种社会现象，但我们不能完全否定其对人的思想意识与行为活动的重要作用。近些年来，在刊物上发表的关于哈萨克语禁忌与避讳等方面的成果中，影响最大、内容较深刻的是穆尔汗·卡马勒汗的《浅谈哈萨克语的避讳问题》[①] 这一论文。作者从哈萨克族的实际生活出发，对哈萨克族存在的避讳现象进行了较深刻的研究与探讨。他的论文为哈萨克族禁忌文化研究开创了新的思路，此后，与禁忌与避讳相关的不少的论文陆续发表。哈萨克语禁忌与避讳的最鲜明的特点之一是禁止人的行为与话语，禁止说欠妥的话，强调说礼貌的、文明的话语。如："Ötirik ayïtpa"（不要撒谎）、"Bïlapït sözder söyleme"（不要说脏话）、"Ülkender aldïnda

---

① 穆尔汗·卡马勒汗：《浅谈哈萨克语的避讳问题》，载《语言与翻译》，1997（3）。

qalaymaqan söyleme"（在大人面前不要胡说八道）等。

五、"避讳"的使用价值与社会功能

"避讳"对丰富词汇与发展语言等方面的作用是非常积极的，尤其是写作时，难免会遇到一词多用等情况，"避讳及避讳词"当然对提高语言效果，丰富写作内容等有着不可忽视的实际作用。由于主观、客观、历史等原因，"避讳"仅仅在社会生活的小范围内使用，并且只限于妇女。哈萨克族有句谚语"Ağayïn tatïw bolsa at köp，abïsïn tatïw bolsa as köp"（兄弟和睦有马骑，妯娌和睦有饭吃），这句谚语充分说明只要家人和睦才有幸福生活，"避讳"在加强家庭团结、家人和睦相处等方面有着不可忽视的作用。尊老爱幼是中华民族的传统美德，这一美德更能体现在"避讳"上，更适合家庭教育。对长者的尊敬与对晚辈的爱护是每位公民不可回避的社会责任。那我们作为新时代的公民应该怎样继承和传承"避讳"呢？首先我们必须弄清楚其价值与其在社会中所扮演的主要角色。

（一）"避讳"能增进家庭团结，加强家庭成员间的和睦相处，有利于提高孩子的教育

不能把"避讳"误解为仅仅是对男人的尊重，其实，它是对长辈的尊重，"避讳"的对象不仅仅是男人，部落里的所有女人也都包括在内。它使女人的外在美与心灵美更好地结合在了一起，使女人的语言与行为更加完美，所以从这一点来

讲，"避讳"更能体现其社会功能与社会价值。

（二）"避讳"对孩子语言掌握方面的作用

在家里经常给孩子说亲属称谓语与其他称谓语，如"ağa"（哥哥）、"bawïr"（兄弟）、"ata"（爷爷）、"äpke"（姐姐）、"muğalïm"（老师）、"äbzey"（老师）、"ustaz"（师傅）、"oqïtïwši"（老师）、"ağay"（叔叔）、"apay"（阿姨）等，其作用与教育功能是不容忽视的。

（三）"避讳"能使说话者的语言更加感人、吸引人，它能反映出说话者的语言使用能力与其文化素养

哈萨克族是能歌善舞的民族，哈萨克语言词汇量丰富，民族特色明显，"避讳"能使说话者的语言更有感染力、吸引人。随着社会的发展，原本带有民族特色的语言词语的使用在减少，同时产生了不少新的称谓语，这些社会趋势或多或少地影响着哈萨克语的社会功能。哈萨克语中表示"职业""职衔"的称谓语数量为数不少，如，有关"老师""领导"方面的称谓语有："baseke""qojake""ağartïwši""bağban""oqïmïstï""qoğam tanïwši""bilimdar""qayratker""sayasat tanïwši""ğïlïm qayratkeri"等。哈萨克族称呼领导时，也有人名敬称的习惯，如：把"beksultan"（别克苏力坦）称呼为"beke"（老别）或"beke ağa"（别克哥）、"sadïq"（萨德克）说成"säke"（老萨）或"sake ağa"（萨克哥）。现在对"老师""领导"等称呼只限于"某某老师""某某科长"等，以上

丰富多彩的称谓语的社会功能与使用范围越来越减少，使语言处于一种枯萎状态，这些状况值得我们深思。

　　总之，禁忌语是最古老的社会文化，它与民族的历史、文化、风俗习惯、世界观等息息相关。"避讳"又是哈萨克族道德规范标准之一，所以要对"避讳"持科学的、公正的态度，使其尽量在生活中发挥其积极作用。

结　论

"语言不仅是社会的交际工具，每一种语言中还沉淀、凝结着使用这一语言群体自身在长期的生存发展历程中对周围客观世界，生态环境的普遍或特殊的认识，积累的生产生活的共同的或独特的经验等，也就是说，一定的语言形式还可以反映出特定的社会经济、思维方式、价值观念等文化内涵。"[①]

称谓语是人际交往中不可或缺的主要环节，也是语言的主要组成部分。每个人都处于错综复杂的社会关系中，每个人都扮演着不同的社会角色。称谓语是运用语言进行交际的第一关，其运用是否得体恰当直接关系到交际是否能够顺利进行及其所取得的效果。因此，在平时的人际交往中，称谓语起着不可忽视的重要作用，恰当得体的称谓语会为接下来的语言交际打下良好的基础，为交际双方的实际交往起到桥梁作用，交际双方将会达到理想的交际目的。而不恰当的称谓语将会带来不少的麻烦，引起对方的不满，甚至导致双方交际的终止。

本书在分析过程中，采用了结构语义学的方法，对哈萨

---

① 　何俊芳：《语言人类学教程》，98—99页，北京，中央民族大学出版社，2006。

克语称谓系统依据它们的语义和功能进行了分类。研究与写作过程中采用了语言成分共时描写法、语用手法分析描写法、社会语言学的调查法、文献法和文化心理分析法、统计分析等研究方法，还采用功能语义学的方法，对哈萨克语称谓系统进行语义和功能的分类，并采用词汇语义学的语义分析和分类方法，对现代哈萨克语称谓系统进行了语义分类和整理术语形成分类词汇表。此外，根据词源学的相关理论对哈萨克语称谓系统进行了语源分类和研究。总的来说，笔者在本书的研究过程中做到了以下几个方面：

第一，整理与收集了属于不同时代的哈萨克社会称谓语，并对这些社会称谓语进行了描写与分析。

本书充分参考前人的研究成果，收集与整理不同时代各类文献与著作中所出现的有关哈萨克语社会称谓语的称谓词，并对现代哈萨克语称谓系统作进一步比较与研究。严格遵守词汇学、词源学与其他相关学科的基本原理，以科学的角度对哈萨克语社会称谓语进行了较为全面且详细的研究。以精确的数据来分析哈萨克语社会称谓语的语用、语义、构成手段、结构和词源等。

哈萨克语社会称谓语的研究并不系统，出版的研究成果也比较零散，尤其是，还没有人把社会关系与姓名当成称谓系统的重要部分。本书中对这些方面进行了深入分析与深刻研究，对其语用功能和使用原则等进行了系统的描写，如：哈萨克语中人名的第一音节 + "-qa/-ke" 可以构成称呼第二方的尊称，如 "Jäke"（老贾）（Jänibek "贾尼别克"），但不清楚究竟 "-qa" 和 "-ke" 的缀接范围到底有多大。哈萨克语的所有单词或较早的借词，及其附加成分中的元音与有些辅音，按照词的首元音的性质产生一种语音和谐现象。所以人名后的附加成分基本遵守着语音的和谐规则。本书遵守语言的基本原则，对哈萨克人族名敬称的构成方式进行了深入研究，并提出了自己的观点。

哈萨克语社会称谓的数量不少，但其构成形式与手段不是随意的，而是遵守一定的语言原则，本书的第三章对哈萨克语社会称谓语的构成手段进行了较全面的描写。包括构成哈萨克语社会称谓语的分析性手段、综合性手段、说明法手段、修辞手段、借子手段等，其构成手段主要如下：

哈萨克语是形态变化较发达的语言，它大量的语法意义是通过形态变化手段来表达的。哈萨克语中词与词的关系主要靠各种各样的形态变化来表示，因此，可以说分析性手段起的作用就小一些，但也不能完全否定分析性手段在哈萨克语言中的作用。哈萨克语中的分析性手段主要有语序等。如：哈萨克语称谓语"äyel doxtïr"（女医生）与"äyel saqšï"（女警察）的中心词是"doxtïr、saqšï"，表达定中关系意义，而"doxtïr äyel"（当医生的女人）与"saqšï äyel"（当警察的女人）的中心词是"äyel"，"doxtïr、saqšï"是它的前置修饰语。

综合性语法手段主要有重音、附加成分、音位交替、异根及重叠等。在哈萨克语中，构成社会称谓语的附加成分中后缀占很大的比例，哈萨克语的后缀特别发达，通过后缀派生出大量的新词，本书中提出了构成社会称谓语的 6 种附加成分，如："-šï/ši""-las/-les/-das/-des/-tas/-tes""-paz/-qor""-ker/ger/-keš""-man/-men""-šaq/-šek，-ša/-še，-qay"等缀接在名词词干上，构成新称谓语。哈萨克语中合成词根据其构成方式分为四种类型：派生式、复合式、重叠式、简缩式等。[①] 哈萨克语称谓语的生成方式也是利用这些方式创造的。

第二，本书的主要目的是对哈萨克语社会称谓语进行分类，对哈萨克语社会称谓语进行了较全面的分类与分析。

研究过程中采用了社会语言学、结构语言学和功能语言学的描述方法对哈萨克语称谓系统进行宏观研究，对哈萨克语称谓语中尚未研究过的其他类别（社交称谓、关系称谓、拟亲属称谓、通用称谓、特殊领域称谓、指代称谓、情感称谓、校园称谓语、新流行称谓语等）进行了比较详细而系统的描写和研究。

第三，本书对哈萨克语社会称谓语的语用功能进行了较为全面的描写与分析。

主要包括社会称谓语在亲属成员之间的语用功能、非亲属社会成员之间的语用功能、社会称谓语在特定场合的运用功能、使用原则、亲属称谓语的泛化、非亲属称谓语的泛化；社会称谓语的简化等。

第四，本书从语言文化学与文化语言学的角度对哈萨克社会称谓语进行了描写研究。在第五章中对哈萨克语某些社会称谓语的渊源及社会变迁进行了词源学研究。借鉴国内外有关古代语言和其他语言方面的研究成果和一些历史记载与文献，对哈萨克社会称谓语的社会文化进行了历时性和共时性研究。

此外，在附录部分中提供了哈萨克语称谓语汇索引和哈萨克语构成称谓的句法模式索引，以便于研究和此后的应用。

---

① 张定京：《现代哈萨克语实用语法》，18 页，北京，中央民族大学出版社，2004。

附　录

附录一

表 1　中国哈萨克语与哈萨克斯坦哈萨克语中的部分称谓语方面的差异

中国哈萨克语	哈萨克斯坦哈萨克语	汉译
yeger	lawïryat	获得者
qorğawšï	oqqağar	保镖
äwe biykešï	aspan serik	空姐
avtokölik dayašïsï	jol serik	乘务员
sestïra	med-biyke	护士
model	sänbiyke	模特儿
adïwakat	zaŋger	律师
šofer	jürgiziwšï	司机
pensïyanor	zeynetker	退休人员
atšabar	šabarman	跑腿的
tilšï	jïwïrnalïysït	记者
qïzmettes	äriptes	同事
til ğalïmï	tilšï	语言学家
qïz dos	qurbï	女朋友

中国哈萨克语	哈萨克斯坦哈萨克语	汉译
mügedek	mümkindigi šektewlï jan	残疾人
tärbiyešï	bapker	教练
wäkil	depïwtat	代表
bala qarawšï	bala kütïwšï	保姆
šïypager	däriger	医生
qïzmettes	äriptes	同事
dos	qurbï	朋友
muğalïm	ağay/apay	老师
otan süyïwšï	päšyot	爱国者

附录二

哈萨克语称谓语语汇索引

表1 亲属称谓 otbasï atawlarï

哈萨克语亲属称谓	社会称谓方式或其他形式	汉译
äke	ağa, köke	爸爸，父亲
šeše, ana	täte, apa	妈妈，母亲
ul	er bala, oğlan	儿子
qïz		女儿
ağa		哥哥
äpeke	äpke	姐姐
ini, bawïr		弟弟、兄弟
qarïndas, siŋli		妹妹
ulï ata		祖父
äje		曾祖母
ata		爷爷
apa		奶奶
nağašï ata	ata	外公
nağašï apa	apa	外婆

哈萨克语亲属称谓	社会称谓方式或其他形式	汉译
naǧašï aǧa	aǧa	舅舅
naǧašï täte	täte	姨妈、舅母
naǧašï jezde	jezde	姨夫
jiyen		外甥
jiyen qïz		外甥女
jiyenšar		外甥的孩子
aǧay, aǧa		叔伯，叔叔
äpeke, täte		姑母，姑姑
jezde aǧa	jezde	姑父
nemere ul	ul	孙子
nemere qïz	qïz	孙女
nemere kelin	kelin	孙媳妇
nemere küyew	küyew	孙婿
šöbere		曾孙
šöpšek		玄孙
jas kelin	kelin	新媳妇
küyew bala	bala	女婿
qayïn ata	ata	公公
qayïn ene	ene	婆婆
küyew, bay		丈夫
jubay, äyel	qosaq	妻子
ene, qayïn ene	ene	岳母
ata, qayïn ata	ata	岳父

哈萨克语亲属称谓	社会称谓方式或其他形式	汉译
qayïn byke	biykem	大姨子
baldïz		小姨子、小舅子
qayïn ağa	ağa	大舅子
qayïn biyke	biyke	大姑子
qayïn siŋli		小姑子
qayïn ağa		大伯哥
qayïn ini		小叔子
kelin		儿媳
ata (äkesiniŋ ağasï)		伯父
apa (ağasïnïŋ äyeli)		伯母
äpeke (atalas äpeke)		堂姐
jezde (atalas äpekeniŋ küyewi)		堂姐夫
siŋli (atalas siŋli)		堂妹
küyew bala (atalas siŋliniŋ küyewi)		堂妹夫
böle		姨表
qarïn böle		姨表兄弟姐妹
tïwğan böle		姨表兄弟姐妹
böle äpeke		表姐
böle jezde		表姐夫
böle siŋli		表妹
böle küyew		表妹夫
böle ini		表弟

哈萨克语亲属称谓	社会称谓方式或其他形式	汉译
böle ağa		表哥
nağašï jeŋge		表嫂
ögey äke		养父
ağayïn		兄弟
quda		亲家公
qudağïy		亲家母
jeŋge		嫂子
jezde		姐夫
kelin (inisiniŋ kelinšegi)		媳妇，弟媳
süt ana		乳母
kindik šeše		
asïrandï ul		养子
ögey bala	baqqan bala	继子
ögey äke	baqqan äke	义父，继父
ögey šeše	baqqan šeše	后母，继母

表 2　社会关系称谓 qoğamdïq qatïnas atawlarï

哈萨克语亲属称谓	社会称谓方式或其他形式	汉译
xalïq	el, jurït	人民
adam	jan	人
buqara		群众
ata - ana	äke-šeše	家长
bala		孩子

哈萨克语亲属称谓	社会称谓方式或其他形式	汉译
dos		朋友
mekteptes		校友
sabaqtas		同学
partalas		同桌
qïzmettes		同事
muǧalïm	ustaz, oqïtïwšï	老师
oqïwšï	šäkirit	学生
tïwïs		亲戚
körši	qošïna	邻居
qonaq	meyman	客人
mekteptes ini		学弟
mekteptes siŋli		学妹
mekteptes äpeke		学姐
šäkirit ini		师弟
šäkirit siŋli		师妹
šäkirit qarïndas		师妹
ustaz šešy		师母
bala qarawši	üy kütiwši	保姆
tös qaǧïsqan aǧayïndar	anda	结义兄弟
böbek ana		月嫂
torap dos, toraptas		网友
byna bastïǧï	ǧïymrat bastïǧï	楼长

续表

表 3　称呼用语 qaratpa söz

哈萨克语亲属称谓	社会称谓方式或其他形式	汉译
kelinšek		小媳妇
boyjetken	bykeš	姑娘
jigit		小伙子
mïrza		先生
xanïm		女士
ağay		叔叔、伯伯
xanïm		太太
atay		老大爷、大爷
balaqay		小宝贝
bäybiše		正妻，夫人
boyjetken		成年女子
jeŋeše		大嫂
täte, apay		阿姨

表 4　其他称谓 basqa atawlar

哈萨克语亲属称谓	社会称谓方式或其他形式	汉译
er, erkek		男，男士
äyel	qatïn	女，女人，老婆
ul		男孩儿
qïz		女孩儿
urpaq		后代，子孙

哈萨克语亲属称谓	社会称谓方式或其他形式	汉译
qart	kärya, aqsaqal	老人，长者
šal		老汉，老头
kempir		老太婆，老太太
perzent		子女，子弟
bawïrlas		兄弟，同胞
büldiršin	säbiy, näreste	幼儿，小孩儿
bala		孩子
nağašĭ		母系亲属
jubay	jar	爱人
tïwïs-jurağat		亲戚，亲属
kelinšek		新娘，媳妇
jesir		寡妇
jetim		孤儿
boydaq		单身，未婚者
ayaz ata		圣诞老人
egiz		双胞胎
qïz joldas		伴娘
küyew joldas	küyew qossï, at qossï	伴郎

表5　职业称谓 käsib atawlarï

哈萨克语亲属称谓	社会称谓方式或 其他形式	汉译
doxtïr		大夫，医生
sestïra	metbyke	护士
mal doxtïr		兽医
agronom		农艺师
zootexnyk		畜牧工作者
baptawšï		驯养者
eginšï, dyxan		农夫，农民
malšï		牧民
orman basqarïwšï		森林管理员
orman qorğawšï	orman qarawšï	护林员
bağban		园丁
balïqšï		渔夫
karantyndewšï		检疫员
arašï, omartašï		养蜂人
tyirmenši		磨房工人
kömekši sestïra		护理员
medytsynalïq texnykalïh qïzmetkerler		卫生技术人员
pïsyxologyadan keŋes berïwšï		心理咨询师
gypnozšï		催眠师
aptekašï		药剂师
narkoz berïwšï		麻醉师

哈萨克语亲属称谓	社会称谓方式或 其他形式	汉译
massajyit, wqalaw mamanï		按摩师
ynemen dawalawšï		针灸师
otaši, sïnïqšï		正骨师
därilewšï		消毒员
ana – balalar densawlïğïn qorğawšï		妇幼保健员
keden qïzmetkerï		海关员
baqïlawšï		监督员
jattïqtïrïwšï		教练员
törešï		裁判员
sportšï		运动员
awïr atïlet		举重运动员
jeŋil atïlet		田径运动员
alpyïnyst		登山运动员
palïwan		摔跤手
bäsketbolšï		篮球运动员
bökisšï		拳击运动员
sopï		和尚
šayxï		道士
dindar äyel		尼姑
monaq		修女
pop		牧师
molla		阿訇

哈萨克语亲属称谓	社会称谓方式或其他形式	汉译
lama		喇嘛
xabar redaktorï		新闻编辑
redactor		编辑
texnykalïq redaktorï		技术编辑
körredaktor		校对
qalamger, avtor		撰稿人
tilšï		记者
seneryašï		编剧
änšï		歌手
jürgiziwšï, asaba		主持人
siwretšï, süzïwšï		画家
juldïz, šolpan		明星
sänger		服装模特
jarnama sängerï		广告模特
aqïn		诗人
jïraw		民间歌手
jazïwšï		作家
avtor		作者
rejyssor		导演
dïryjor		指挥
kompozytor		作曲家
ärtyst, äkter		演员
mïwzyka orïndawšï		音乐演奏员

哈萨克语亲属称谓	社会称谓方式或其他形式	汉译
apparatšï		摄影师
dektor		播音员
bas redactor		主编
kitapxana qïzmetkerlerï		图书资料业务人员
qoğamdïq qïzmet atqarïwšï		社会工作人员
tömen dawïstï änšï		低音歌手
küyšï		冬不拉手
arxyvšï		档案人员
xat basïwšï		打字员
kiletšï, qambašï		保管员
qamba basqarïwšï		仓库管理员
küzetšï, amandïq saqtawšï		警卫人员
amandïq qorğawšï		保安人员
xat-šek taratïwšï		收发员
erikti tilšï, tilšï		通讯员
xabaršï		通信员
buğaltïr		会计
kässir		出纳
xatšï		秘书
ört öširiwšï		消防员
poČtalyon		邮递员
qabïldawšï, kütiwšï		接待员

哈萨克语亲属称谓	社会称谓方式或 其他形式	汉译
kütimger		护工
bajïger		税务员
mägäzyinši		售货员
aqša alïwši		收银员
zat alïwši, zat satïp alïwši		采购员
satïwši		推销人员
sawdağa okildïk etïwši		商业代理人员
sändewši		美容师
šaštaraz		理发师
jolawšïlarğa qïzmet ötewši		乘务员
ušaq bykeši		空中小姐
belet satïwši		售票员
belet tekseriwši		检票员
kezekši		值班人员
šofer, jürgiziwši		司机
jol qarawši, jol asïrawši		养路人
qojayïn		老板
dayaši, kütiwši		服务员
seriwen basï		导游
örit öširiwši		消防人员
jerlewši		殡葬人员
tazalïqši		清洁工
qara jumïsšï		勤杂工

哈萨克语亲属称谓	社会称谓方式或其他形式	汉译
orta tazalïqšïsï		环卫工人
kir jïwïwšï		洗衣工
kiyim ütiktewši		熨衣工
sawdager		商人
qazïna basqarïwšï		理财师
ejelgï buyïmdar sawdagerï		古董商
bes metal sawdagerï		五金商
jobalawši		设计师
qonaqjay basqarïwši		酒店管理员
tez tasïmaldawši		快递员
sağattïq qïzmetker		钟点工
darğï		工头
tökši		电工
jumïsšï		工人
aspaz		厨师
tiginši		裁缝
qurlïsši		建筑工
jük tiyep tüsiriwši		装卸工
jük tasïmaldawši, tasïwši		搬运工
balkülše, bolka qaqtawši		糕点、面包烘焙工
šaxtaši		矿工
eskekši		舵手
qayïqši		船夫

哈萨克语亲属称谓	社会称谓方式或 其他形式	汉译
lotČyk, ušqïš		飞行员
xalïq jasaǧï		民兵
jawïnger		士兵
saqšï		警察
qoǧam xawïpsïdik saqšïsï		公安干警
qatïnas saqšïsï		交通干警
totenše mindettï saqšï		特警
barlawšï		侦察兵
ǧalïm		科学家
astronom		天文学家
natïwralyst		自然科学家
botanyk		植物学家
genetyg		生物遗传学家
geolok		地质学家
geometrg		几何学家
gydrolog		水文学家
zaŋšï		法学家
optyk		光学家
pysyxolog		心理学家
arxeolog		考古专家

哈萨克语亲属称谓	社会称谓方式或 其他形式	汉译
diplomat		外交家
ağartïwšï		教育家
avantïywryst, täwekelšïl		冒险家
ağaššï		木匠
temïršï		铁匠
zerger		首饰匠
balğašï		锻工
etikšï		鞋匠
kestešï		绣娘
kädïr		干部
tïŋšï		间谍
agent		代理人
ğarïšker		宇航员
aŋšï		猎人
bürkitšï		驯鹰猎人
baqsï		巫师
balger		占卜者，算命先生

表 6　职务称谓 qïzmet mindetï

哈萨克语亲属称谓	社会称谓方式或 其他形式	汉译
törağa		主席
sekiratar		书记
pirezydent, elbasï		总统
premer, bas mynïstïr		总理
ölke bastïğï		省长
oblïs bastïğï		州长
elšï		大使
qala bastïğï		市长
äkim		县长
awïl bastïğï		乡长
qalašïq bastïğï		镇长
qïstaq bastïğï		村主任
meŋgeriwšï		主任
banke bastïğï		行长
meŋgerïwšï, törağa		会长
doxtïrxana bastïğï		院长
saqšï mekemesïnïŋ bastïğï		公安局局长
bas jora		董事长
diyrektor, meŋgerïwšï		经理
partkom sekrataï		党支部书记
basqarma bastïğï		处长
bölïm bastïğï		科长

哈萨克语亲属称谓	社会称谓方式或 其他形式	汉译
miyniyïstïr		部长
turaqtï jora		常委
mekeme bastïğï		局长
bas xatšï		秘书长
zavod bastïğï		厂长
qïstaq kömytetïnïŋ meŋgerïwšïsï		村委会主任
pïwïnkt bastïğï		站长
jarnama bastïğï		股长
baqïlawšï, qadağalawšï		监事长
sex memŋgerïwšïsï		车间主任
radio - televyzya stansya bastïğï		台长
mektep bastïğï		校长
bolïmše bastïğï		所长
general		将军
maršal		元帅
general polkovnïyk		上将
general leytenant		中将
general mayor		少将
ağa polkovnyk		大校
polkovnyk		上校
podpolkovnyk		中校

哈萨克语亲属称谓	社会称谓方式或 其他形式	汉译
mayor		少校
kapïytan		上尉
leytenant		中尉
kišï leytenant		少尉

表 7　职称称谓 qïzmet atağï

哈萨克语亲属称谓	社会称谓方式或 其他形式	汉译
joğarï därejelï qïzmet atağï		高级职称
joğarï därejelï ataq		正高级
orïnbasar joğarï därejelï qïzmet ataq		副高级
orta därejelï ataq		中级职称
bastawïš därejelï ataq		初级职称
professor		教授
dotsent		副教授
lektor		讲师
kömekšï muğalïm		助教
joğarï därejelï oqïtïwšï		高级教师
orta därejelï oqïtïwšï		中级教师
erekše därejelï oqïtïwšï		特级教师
säbyler oqïtïwšïsï		幼儿教师
semïya oqïtïwšïsï		家庭教师

哈萨克语亲属称谓	社会称谓方式或其他形式	汉译
jetekšї, jön siltewšї		辅导员
zerttermen		研究员
tete ağa zerttermen		副研究员
kömekšї zerttermen		助理研究员
praktïykant zerttermen		研究实习员
qurlïs texnyka qïzmetkerlerï		工程技术人员
professor därejelï maytalman yinjener		教授级高级工程师
dotsent därejelï maytalman yinjener		副教授级高级工程师
yinjener		工程师
kömekšї yinjener		助理工程师
texnïyk		技术员
joğarï därejelï laborant		高级实验师
laborant		实验师
komekšї laborant		助理实验师、实验员
awïl šarwašїlїq texnyka qïzmetkerlerï		农业技术人员
joğarï därejelï agronom		高级农艺师
agronom		农艺师
kömekšї agronom		助理农艺师
joğarï därejelï mal doxtïr		高级兽医师
mal doxtïr		兽医师

哈萨克语亲属称谓	社会称谓方式或 其他形式	汉译
kömekšï mal doxtïr		助理兽医师
joğarï därejelï mal texnygï		高级畜牧师
mal texnïygï		畜牧师
kömekšï mal texnygï		助理畜牧师
densawlïq saqtaw texnygï		卫生技术人员
ağa doxtïr		主任医师
tete ağa doxtïr		副主任医师
jawaptï doxtïr		主治医师
bälniytsya doxtïrï		住院医师
meŋgeriwšï därejeles däriger		主任药师
orïnbasar meŋgeriwšï därejeles däriger		副主任药师
jawaptï däriger		主管药师
däriger		药师、药士
meŋgeriwšï därejeles sestïra		主任护师
orïnbasar meŋgeriwšï därejeles sestïra		副主任护师
jawaptï sestïra		主管护师
sestïra		护师、护士
meŋgeriwšï texnïyk		主任技师

哈萨克语亲属称谓	社会称谓方式或其他形式	汉译
orïnbasar meŋgeriwšï texnïyk		副主任技师
jawaptï texnïyk		主管技师
texnyïk		技师、技士
käsïptïk okonomïyka qïzmetkerlerï		经济专业人员
joğarï därejelï ekonomïyka mamanï		高级经济师
ekonomïys		经济师
kömekšï ekonomïys		助理经济师、经济员
käsïptïk buğaltïr qïzmetkerlerï		会计专业人员
joğarï därejelï buğaltïr		高级会计师
buğaltïr		会计师
kömekšï buğaltïr		助理会计师、会计员
käsïptïk esep tekserïw qïzmetkerlerï		审计专业人员
joğarï därejelï esep tekserïwšï		高级审计师
esep tekserïwšï		审计师
kömekšï esep tekserïwšï		助理审计师、审计员
käsïptïq sanaq qïzmetkerlerï		统计专业人员
joğarï därejelï sanaqšï, joğarï därejelï statystik		高级统计师

哈萨克语亲属称谓	社会称谓方式或其他形式	汉译
sanaqšï, statystik		统计师
kömekšï sanaqšï, kömekšï statystik		助理统计师
käsïptïk axbarat qïzmetkerlerï		新闻专业人员
joğarï därejelï tilšï		高级记者
meŋgerïwšï därejelï tilšï		主任记者
tilšï		记者
komekšï tilšï		助理记者
joğarï därejelï redaktor		高级编辑
meŋgerïwšï redaktor		主任编辑
baspa söz salasïnïŋ käsïptik qïzmetker		出版专业人员
ağa redaktor		编审
tete ağa redaktor		副编审
redaktor		编辑
kömekšï redaktor		助理编辑
texnykalïq redaktor		技术编辑
kömekšï texnykalïq redaktor		助理技术编辑
radyo-televyzya dïyktorlarï		广播电视播音人员
dïyktorğa jetekšïlik etiw		播音指导
meŋgerïwšï diyktor		主任播音员

续表

哈萨克语亲属称谓	社会称谓方式或其他形式	汉译
birinši därejelï diyktor		一级播音员
ekinši därejelï diyktor		二级播音员
üšinši därejelï diyktor		三级播音员
awdarma qïzmetkerlerï		翻译人员
ağa awdarmašï		译审
tete awdarmašï		副译审
awdarmašï		翻译
kömekši awdarmašï		助理翻译
käsïptik körkömöner qïzmetkerlerï		艺术专业人员
senerïyašï		编剧
birinši därejelï kompozïytor		一级作曲
ekinši därejelï kompozïytor		二级作曲
üšinši därejelï kompozïytor		三级作曲
törtinši därejelï kompozïytor		四级作曲
birinši därejelï rejïysser		一级导演
ekinši därejelï rejïysser		二级导演
üšinši därejelï rejïysser		三级导演
törtinši därejelï rejïysser		四级导演
birinši därejelï ärtiys		一级演员

哈萨克语亲属称谓	社会称谓方式或其他形式	汉译
ekinši därejelï ärtiys		二级演员
üšinši därejelï ärtiys		三级演员
törtinši därejelï ärtiys		四级演员
birinši därejelï mïwzyka orïndawšï		一级演奏员
birinši därejelï drïyjor		一级指挥
birinši därejelï körkemöneršï		一级美术师
birinši därejelï saxna jobalawšï		一级舞美设计师
saxna texnïygï		舞台技师
dene – tärbiye jattïqtïrwšï		体育教练员
memleket därejelï jattïqtïrïwšï		国家级教练
joğarï därejelï jattïqtïrïwšï		高级教练
birinši därejelï jattïqtïrïwšï		一级教练
ekinši därejelï jattïqtïrïwšï		二级教练
üšinši därejelï jattïqtïrïwšï		三级教练

附录三

哈萨克语构成称谓语的句法模式索引

1. 构成哈萨克语的复数词尾

哈萨克语中在名词词根或词干后加"-lar/-ler，-dar/-der，-tar/-ter"等复数词尾构成表示复数的语法形式。在称谓语后加复数词尾，既表示复数的语法形式，也指称交际对象，在社会交际时，能起到呼语对方的作用。

表1　名词加词干后构成的社会称谓语

名词词根或词干后加复数词尾的哈萨克语社会称谓语	汉译
xanïm + dar = xanïmdar	夫人们
mïrza + lar = mïrzalar	先生们
joldas + tar = joldastar	同志们
jaran + dar = jarandar	诸位
ygi jaqsï + lar = ygi jaqsïlar	知名人士
jäysaŋ + dar = jäysaŋdar	绿林豪杰
zïyalï + lar = zïyalïlar	知识分子们
ağayïn + dar = ağayïndar	兄弟们
tïwïs + tar = tïwïstar	亲戚们

名词词根或词干后加复数词尾的哈萨克语社会称谓语	汉译
awïldas + tar = awïldastar	乡亲们
sabaqtas + tar = sabaqtastar	同学们
jigit + ter = jigitter	小伙子们
qïz + dar = qïzdar	姑娘们
bala + lar = balalar	孩子们
ağa + lar = ağalar	叔叔们
sabaqtas + tar = sabaqtastar	同学们
muğalïm + dar = muğalïmdar	老师们

2. 构成哈萨克语拟亲属称谓语的附加成分

哈萨克语中构成社会称谓语的附加成分也不少，亲属称谓后加各种附加成分来可以用于非亲属关系的人，但哈萨克语中借用亲属称谓语来称呼非亲属关系人的情况是不是随意的，而遵守一定的语言原则，对亲属称谓语进行一定的加工、改造和改动，亲属称谓语后缀加一下附加成分：

第一，亲属称谓语后 + "-y/-qay/-šaq/-šek/-ša/-še"。

哈萨克语对成年男女称谓语的改造，基本上是亲属称谓语后加"-y"等附加成分。"-y"作为后缀，既可用于长辈称谓语的改造，也可用于同辈称谓语的改造，加"-y"后的拟亲属称谓语表示的年龄与排行的意义不太明显，只表示对长者的尊重。

表2 亲属称谓加附加成分后形成的社会称谓语

长辈称谓	汉译
atay	老爷爷，大爷，对长辈的尊重
äjey	大娘，老大娘，对长辈的尊称
apay	大姐，老大姐，对年岁较大的妇女的尊称
šešey	大娘，老大娘
tätey	大姐，姐姐
同辈称谓	汉译
ağay	哥哥，兄长（女人称呼比自己年龄大，且非亲属关系的人时使用）
jeŋgey	嫂子
apay	以前对年岁较大的妇女的尊称，现在同辈人间也可用，姐姐之意

"-qay/-šaq/-šek/-ša/-še" 等词缀构成指小意义的称谓语，哈萨克语里缀接在称谓语后，表示小的意义。这种称谓只限于同辈人之间的称呼或长辈对晚辈的称呼，要是晚辈对长辈使用这些称谓语的话表示对长辈的不尊重，含有一种不尊敬的意味。

表3 亲属称谓加附加成分后形成的社会称谓语

亲属称谓后附加成分形成的社会称谓语	汉译
qudaša	指接亲双方的青年女亲属
kelinšek	小媳妇
inišek	小弟弟
balaqay	小宝贝，小家伙
tazša	长秃疮的小孩儿
jeğeše	对嫂子的称呼

第二，亲属称谓语＋"-tay/-tey/-ke/-eke/-ekeŋ/-jan/-šim/-šim"。

这些词缀表示一种亲切的感情，缀接在称谓（社会称谓或亲属称谓）后表示对别人的尊重，也有一种恳求或央求之意，对对方表达了尊敬、亲切的感情色彩。

表 4　亲属称谓加附加成分后形成的社会称谓语

亲属称谓后附加成分形成的社会称谓语	汉译
äketay	对父亲和小孩子的昵称，表示好爸爸、好孩子之意
jeŋgetay	对嫂子的昵称
böpetay	小宝贝
ağatay	对哥哥的尊称
atatay	对爹或爷爷的昵称
apatay	好奶奶，对奶奶或妈妈的昵称
ağajan	对哥哥的爱称
erkejan	嫂子对小姑子的昵称
anašim	对母亲的尊称
äkešim	对父亲的尊称
ağake	对哥哥或叔叔的尊称
jezdeke	对姐夫的昵称
tätetay	对母亲的昵称

在哈萨克语，"-eke/-ekeŋ/-e"等语法形式也能构造各种各样的尊称与昵称，如：

表 5　亲属称谓加附加成分后形成的社会称谓语

亲属称谓后附加成分形成的社会称谓语	汉译
ağa → ağake	对哥哥或叔叔的尊称
bay → bayeke	巴依大人
batïr → batïreke	对英雄的尊称
biy → biyeke	毕大人
han → haneke	可汗大人
molda → moldake	毛拉大人
mïrza → mïrzaeke	对先生的尊称

词语的"-eke"形式后加领属第三人称"-sï"时，使更加强词语的情态色彩。

表 6　亲属称谓加附加成分后形成的社会称谓语

亲属称谓后附加成分形成的社会称谓语	汉译
ağa → ağakesï	对哥哥或叔叔的尊称
bay → bayekesï	巴依大人
batïr → batïrekesï	对英雄的尊称

第三，亲属称谓语 +-ïm/-im。

领属性第一人称词尾 -ïm/-im 缀接在亲属称谓语后表示了对别人的尊重，加强了更亲切的感情色彩，并起到呼语对方的称呼作用。

表7　亲属称谓加附加成分后形成的社会称谓语

亲属称谓后附加成分形成的社会称谓语	汉译
apatayïm	对奶奶或妈妈的昵称
ağatayïm	对哥哥的尊称
jeŋetayïm	对嫂子的昵称
tätetayïm	对母亲的尊称

3. 构成哈萨克人名敬称称谓语的附加成分

在哈萨克语里，直呼他人名字被认为是不礼貌的，尤其是对长辈要用人名敬称。人名敬称是称呼者对被称呼者的尊敬，主要是长辈对长辈或同辈之间的敬称，这种称呼形式不会影响被称呼者的名字，反而加强对称呼对象的感情色彩，使有些又长又不好称呼的人名简单化，给双方的社会关系与交往创造更方便的条件与环境。人名敬称的附加成分主要有以下几个：

第一，人名的第一音节 + "-qa" 可以构成称呼第二方的尊称。

表8　人名敬称构成的社会称谓语

人名敬称构成的社会称谓语	汉译
muqaš → muqa	对"木哈西"这个人的人名尊称
sağïdat → saqa	对"萨合达提"这个人的人名敬称
qanat → qaqa	对"哈那提"这个人的人名敬称
jarqïn → jaqa	对"加尔恒"这个人的人名敬称
dolqïn → doqa	对"多力坤"这个人的人名敬称

有些人名的第一个音节以元音结尾时，后面可以直接加"-qa"附加成分，以辅音结尾时辅音要省略，然后可以加

"-qa"附加成分。人名的第一音节 +"-qa"可以构成称呼第二方的面称,"-qa"附加成分后加第二人称领属简体"-ŋ"也可以构成称呼第三方的背称。

表 9 人名敬称构成的社会称谓语

人名敬称构成的社会称谓语	汉译
talğat → taqa → taqaŋ	对塔力哈提的尊称,指的是第三方
baqïtjan → baqa → baqaŋ	对巴合提江的尊称,指的是第三方
jarqïn → jaqa → jaqaŋ	对加尔恒的尊称,指的是第三方

第二,人名后的"-ke"附加成分。

人名的第一音节 +"-ke"可以构成称呼第二方的尊称,Jäke"老贾"(Jänibek"贾尼别克")等。有时,"-ke"附加成分不遵守语音和谐规律,其适用范围比"-qa"附加成分要更多一些,尊称色彩较浓一些。

表 10 人名敬称构成的社会称谓语

人名敬称构成的社会称谓语	汉译
nurbol → nüke	努尔波力的尊称
jänetqan → jäke	加那提汗的尊称
jandos → jäke	江多斯的尊称

第三,人名的第一个音节是单元音时,"-eke"附加成分与第二音节的首辅音合并,而与辅音结尾的音节后可以直接连接"-eke"附加成分。

直接加 "-eke" 附加成分。

表 11　人名敬称构成的社会称谓语

人名敬称构成的社会称谓语	汉译
erkin → ereke	对艾尔肯的尊称
nurdanbek → nureke	对努尔旦别克的尊称
nurbolat → nureke	对努尔波拉提的尊称
nurman → nureke	对努尔曼的尊称

第二音节的首辅音后加 "-eke" 附加成分：

表 12　人名敬称构成的社会称谓语

人名敬称构成的社会称谓语	汉译
säbiytjan → säbeke	对萨比提江的尊称
qasïmqan → qaseke	对哈斯木汗的尊称
nurdäwlet → nureke	对努尔达吾列提的尊称
biylïbay → biyeke	对比勒拜的尊称

第一音节以辅音结尾的人名后加第二音节的第一个辅音，然后加 "-eke" 附加成分：

表 13　人名敬称构成的社会称谓语

人名敬称构成的社会称谓语	汉译
qayïreke "老哈"	qayïranbek "哈依兰别克"
solteke "老苏"	sultanbek "苏力坦别克"

beyseke "老拜"	beysemqan "拜斯木汗"

人名后直接+"-eke"可以构成称呼第二方的面称,"-eke"附加成分后加第二人称领属简体"-ŋ"也可以构成称呼第三方的背称。如:erekeŋ"老叶"(指的是第三方)(erbolat"叶尔波拉提")、jekeŋ"老杰"(指的是第三方)(jeŋis"杰恩斯")等。

4.构成和哈萨克人名的主要词与词缀

构成哈萨克人名的词缀主要有:ay,aq,arïw,bay,bek,bala,biyke,biybi,bope,gül,ğalïy,dana,erke,jamal,jan,kün,qoja,qul,qïz,mïrza,murat,nur,sara,sari,sulïw,tay,xan,xanïm,šaš qatarlïlar 等。

表14 构成哈萨克族人名的词缀

哈萨克人名	汉语
ay + nür = aynür	阿依努尔
aq + jan = aqjan	阿克江
bazar + bay = bazarbay	巴扎尔拜
säwle + bek = säwlebek	萨吾列别克
ay + bala = aybala	阿依巴拉
kün + biyke = künbiyke	坤比卡
biybi + gül = biybigül	比比古丽
aq + böpe = aqböpe	阿克波帕
gül + nar = gülnar	古丽娜尔

哈萨克人名	汉语
aman + ğalïy = amanqalïy	阿曼哈力
er + dana = erdana	叶尔达娜
naz + erke = nazerke	娜孜叶尔克
ay+jamal = ayjamal	阿依加玛丽
er + jan = erjan	叶尔江
kün + bolat = künbolat	坤波拉提
qoja + bek = qojabek	活加别克
ayït+ qul = ayïtqul	阿依提胡力
mïrza+ gül = mïrzagül	米尔扎古丽
qïz+ ğaldaq = qïzğaldaq	克孜卡勒大克
murat + bek= muratbek	木拉提别克
nur + gül = nurgül	努尔古丽
sulïw + bay = sulïwbay	苏鲁拜
qara + šaš = qarašaš	卡拉恰西

5. 构成哈萨克社会称谓语的其他词缀

词缀是缀接在词根或词干上添加新的抽象的词汇意义从而新词的附加成分。它也叫构成附加成分。词缀按其在词中所处位置，通常可分为前缀、中缀、后缀三种。哈萨克语的词缀主要是后缀，也有少量的前缀，没有中缀。

后缀是词根或词干上加了这种附加成分后，就派生出新称谓词来，哈萨克语的后缀特别发达，通过后缀派成出大量的新词，"-šï/ši"缀接在名词词干上，构成新称谓，表达"某种职业的从事者或某种活动的擅长者"。

表 15　构成哈萨克社会称谓语的其他词缀

词根或词干上加后缀的哈萨克社会称谓语	汉译
"jumïs"（事儿）+-ši—jumïssši	工人
"bas"（头）+-ši—basši	领导
"xat"（信）+-ši—xatši	秘书
"oqïw"（课）+-ši—oqïwši	学生
"qïzmet"（工作）+-ši—qïzmetši	工作者
"balïq"（鱼）+-ši—balïqši	渔夫
"än"（歌）+-ši—änši	歌手
"etik"（鞋）+-ši—etikši	鞋匠
"temir"（铁）+-ši—temirši	铁匠
"til"（语言）+-ši—tilši	记者
"aqïl"（智慧）+-ši—aqïlši	顾问
"örmek"（土制织机）+-ši—örmekši	织工
"örim"（编制物）+-ši—örimši	编织者
"ösiyet"（遗嘱）+-ši—ösiyetši	立遗嘱的人
"mal"（牲畜）+-ši—malši	牧民
"bal"（蜂蜜）+-ši—balši	算卦者
"orman"（森林）+-ši—ormanši	护林员
"ağaš"（树木）+-ši—ağašši	木匠
"süt"（奶子）+-ši—sütši	卖牛奶的人
"satïw"（卖给）+-ši—satïwši	卖主
"qoy"（羊）+-ši—qoyši	牧羊人

词根或词干上加后缀的哈萨克社会称谓语	汉译
"jïlqï"（马）+-šï—jïlqïšï	牧马人
"dombïra"（冬不拉）+-šï—dombïrašï	弹冬不拉的人
"jaw"（敌人）+-šï—jawši	使者
"qaraq"（偷盗）+-šï—qaraqšï	强盗
"jïr"（诗歌）+-šï—jïršï	诗人

"-las/-les/-das/-des/-tas/-tes"缀接在名词词干上，构成新称谓，表示"具有某种共同特征的人"。

表16　构成哈萨克社会称谓语的其他词缀

词根或词干上加其他后缀的哈萨克社会称谓语	汉译
"jol"（路）+-das—joldas	同志、同路人
"sabaq"（课）+-tas—sabaqtas	同学
"zaman"（时代）+-das—zamandas	同代人、同岁者
"qarïn"（肚子、腹部）+-das—qarïndas	妹妹
"el"（部落）+-des—eldes	同部落的人
"at"（名字）+-tas—attas	同名人
"qïzmet"（工作）+-tes—qïzmettes	同事
"jer"（地方）+-les—jerles	老乡
"käsip"（行业）+-tes—kasiptes	同行
"bawïr"（腹部）+-las—bawïrlas	同胞
"qalam"（钢笔）+-das—qalamdas	笔友

"-paz,-qor,-ker/ger,-keš,-man/men"等词缀是借自波斯语，

缀接在某些名词词干上，构成义为"有某种手艺、嗜好、特长的人"的称谓语。

表17 构成哈萨克社会称谓语的其他词缀

词根或词干上加其他后缀的哈萨克社会称谓语	汉译
"as"（饭食）+-paz—aspaz	厨师
"öner"（手艺）+-paz—önerpaz	手艺人
"bilim"（知识）+-paz—bilimpaz	有学识的人
"qumar"（赌博）+-paz—qumarpaz	赌徒
"aqïl"（智慧）+-göy—aqïlgoy	智囊
"sawda"（贸易）+-ger—sawdager	商人
"qalam"（钢笔）+-ger—qalamger	有写作能力的人
"bal"（卦）+-ger—balger	占卜者
"qïzmet"（工作）+-ker—qïzmetker	工作人员
"talap"（要求）+-ker—talapker	原告、起诉人
"jawap"（答复）+-ker—jawapker	被告人
"qayrat"（干劲）+-ker—qayratker	人士
"oral"（回来）+-man—oralman	回归者
"alar"（能拿）+-man—alarman	索取者
"arba"（马车）+-keš—arbakeš	车夫
"körer"（看）+-men—körermen	观众
"kire"（拉脚）+-keš—kirekeš	脚夫、骆驼客
"qïlmïs"（罪行）+-ker—qïlmïsker	罪犯
"araq"（酒）+-keš—araqkeš	酒鬼
"para"（贿赂）+-qor—paraqor	受贿赂者

"nayza"（矛）+-ger—zayzager	矛手
"qamšĭ"（鞭子）+-ger—qamšĭger	耍鞭人
"qïlïš"（马刀）+-ker—qïlïšker	剑客

"-šaq/-šek,-ša/-še,qay"等这些词缀构成指小意义的称谓语，缀接在名词词干上，构成义为"某种小而可爱的人或事物"的称谓语。

表18 构成哈萨克社会称谓语的其他词缀

构成社会称谓语的其他词缀	汉译
"qïz"（姑娘）+-šaq—qïzšaq	小姑娘
"ini"（弟弟）+-šek—inišek	小弟弟
"kelin"（媳妇）+-šek—kelinšek	小媳妇
"quda"（亲家公）+-ša—qudaša	指接亲双方的年轻女亲属
"xan"（国王）+-ša—xanïša	公主
"bala"（孩子）+-qay—balaqay	小宝贝

前缀是缀接在词根或词干之前构成新词的词缀。以上都是由后缀构成新称谓的实例。哈萨克语的前缀主要是来自于阿拉伯—波斯语，数量少且能产性差。它们分别是 -bey 等，表示否定之意。

表 19　带有否定含义的社会称谓语

带有否定含义的社会称谓语	汉译
bey+tanïs（熟的）—beytanïs	不熟的
bey+mälim（熟悉的）—beymälim	不熟悉的

词尾是缀接在词干后表达种种语法意义的附加成分。如，哈萨克语中在名词词根或词干后加"-lar/-ler,-dar/-der,-tar/-ter"等复数词尾构成表示复数的语法形式。

表 20　带有复数含义的社会称谓语

带有复数含义的社会称谓语	汉译
"xanïm"（女士）+ "dar"—xanïmdar	女士们
"mirza"（先生）+ "lar"—mïrzalar	先生们
"äkim"（县长）+ "der"—äkimder	许多县长
"qart"（老人）+ "tar"—qarttar	许多老年人
"jigit"（小伙子）+ "ter"— jigitter	小伙子们
"bala"（孩子）+ "lar"—balalar	孩子们

6. 称谓合成词

复合式合成词由词根与词根复合而成的合成词是复合式合成词，简称复合词。从两个词根结合的紧密程度与书写方式看，哈萨克语复合称谓分为以下几类：

融合型称谓。即两个词根复合后发生一定语音变化融为一体的复合称谓。

表 21　融合型社会称谓语

合成词构成的社会称谓语	汉译
"qayïn"（岳父家）+ "ağä"（哥哥、叔叔）—qaynağa	大舅子
"ağä"（哥哥）+ "ini"（弟弟）—ağäyïn	亲戚、亲族
"alïp"（巨人）+ "bastï"（头）—albastï	鬼子
"alla"（安拉）+ "yar"（保佑）—aldyar	陛下
"peri"（仙人）+ "zat"（人）—peryzat	仙女
"baq"（苹果园）+ban（bağïw 看管）—bağban	园丁
"adam"（人）+zad（后裔、子孙）—adamzat	人类

粘合型称谓。即两个词根连接紧密，保留原形而连写的复合称谓。

表 22　黏合型社会称谓语

合成词构成的社会称谓语	汉译
"aq"（白）+ "saqal"（胡子）—aqsaqal	老人、老者
"asil"（珍贵的）+ "zada"（后裔）—asïlzada	出身显贵的人
"boy"（身材）+ "jetken"（长大）—boyjetken	姑娘
"qayïn"（岳父家）+ "byke"（对姑娘的昵称）—qayïnbyke	大姨子
"qazan"（锅）+ "bas"（头）—qazanbas	大头儿
"uzïn"（长）+ "tïra"（tïrna 鹤）—uzïntïra	高个头儿
"bas"（头）+ "qolbasï"（统帅）—basqolbasï	最高统帅
"bek"（伯克）+ "zada"（后裔）—bekzada	贵族
"bek"（伯克）+ "zat"（人、后裔）—bekzat	权贵

续表

"xan"（国王）+ "zada"（后裔）—xanzada	王子
"qïran"（雀鹰）+ "sari"（黄的）—qïransarï	对皮肤黄的且警惕性较高的人的称呼
"awïl"（阿吾勒）+ "basï"（头）—awïlbasï	阿吾勒的头人
"oq"（子弹）+ "qağar"（阻挡、挡住）—oqqağar	保镖
"mïŋ"（千）+ "basï"（头）—mïŋbasï	千户长
"jüz"（百）+ "basï"（头）—jüzbasï	百户长
"on"（十）+ "basï"（头）—onbasï	十户长
"el"（国家，人民）+ "basï"（头）—elbasï	国家领导，总统

意合型称谓。即两个词根结合的不甚紧密，看上去像词组，实际上已凝结为一个词的，书面上分写的称谓。

表 23　意合型社会称谓语

意合型社会称谓语	汉译
"orman"（森林）+ "qorğawši"（保护者）—orman qorğawšï, ormanšï	护林员
"mal"（牲畜）+ "däriger"（医生）—mal därigeri	兽医
"keden"（海关）+ "qïzmetkeri"（工作人员）—keden qizmetkerï	关务员
"bas"（头）+ "redaktor"（编辑）—bas redaktor	主编
"mïwzïyka"（音乐）+ "orïndawši"（演奏员）—mïwzïyka orïndawšï	音乐演奏员
"qamba"（仓库）+ "basqarïwši"（管理员）—qamba basqarïwšï	仓库管理员

"amandïq"（安全）+ "qorğawšï"（保护者）—amandïq qorğawšï	保安人员

对偶型称谓。即由两个意义相近或相反的词根（词干）构成的、书写时用连字符 "-" 连接的复合称谓。

表 24　对偶型社会称谓语

对偶型社会称谓语	汉译
"äke"（父亲）+ "šeše"（母亲）—äke-šeše	父母
"ağa"（哥哥）+ "ini"（弟弟）—ağa-ini	兄弟
"ağa"（哥哥）+ "bawïr"（兄弟）—ağa-bawïr	亲戚
"äwlye"（神人）+ "änbye"（圣人）—äwlye-änbye	神仙
"dos"（朋友）+ "jaran"（诸位）—dos-jaran	友人、亲人
"el"（民众、人民）+jurt（大众、人们）—el-jurt	群众、众人
"qïz"（姑娘）+qïrqin（少女）—qïz-qïrqïn	姑娘们
"qïz"（姑娘）+kelinšek（少妇）—qïz-kelišek	姑娘少妇
"bala"（孩子）+šağa（孩子）—bala-šağa	孩子们
"oqïwšï"（学生）+oqïtwši（老师）—oqïwšï-oqïtïwši	教师与学生

重叠型称谓。是通过重叠某个词来表达语法意义的语法手段。哈萨克语的实词词类几乎都可以重叠。哈萨克语的称谓也利用这种语法手段来构造的。如："qïz - pïz"（姑娘什么的）；"dos - pos"（朋友什么的）；"kisi - misi"（人什么的）等。

参考文献

一、哈萨克文参考资料

［1］阿布德马那夫．浅谈哈萨克文学语言及其根源．北京：民族出版社，2004.

［2］阿里木•朱玛什．简明哈萨克族语言史．北京：民族出版社，2006.

［3］Ä•哈山欧夫．语言知识．叶热-道列提出版社，2007.

［4］阿依曼•库布兰乌娃．哈萨克语交流礼仪．阿拉木图：高等教育委员会出版中心，2001.

［5］白山木汗．哈萨克族语言学导论．北京：民族出版社出版，2005.

［6］S•乌木尔别克．哈萨克语语言知识问题．阿拉木图，2007.

［7］黄中祥．哈萨克词汇与文化（哈萨克文）．杜拉提•马力克翻译．奎屯：伊犁人民出版社，2011.

［8］H.A.沃尔达别阔娃．比喻的认知命名特征．北京：中央民族大学出版社，2012.

［9］海拉提•萨吾提．浅谈哈萨克族家庭亲属称谓词

语．新疆大学学报，2010（2）．

［10］居尼斯汗•巴海．浅谈哈萨克族人名．伊犁师范学院学报，2012（4）．

［11］K.K.库尔凯巴耶夫．哈萨克民俗传统中一些术语的民族特点．北京：中央民族大学出版社，2012.

［12］木热卡马里．木热卡马里论文集．北京：民族出版社，2010.

［13］木哈西•热买提．语言与翻译是我的一对翅膀．北京：民族出版社，2013.

［14］努尔兰•加勒哈森．哈萨克族人名中的审美意识探析．伊犁师范学院学报，2013（1）．

［15］努尔兰•加勒哈森．哈萨克族姓氏初探．伊犁师范学院学报，2008（4）．

［16］吾马尔汗．哈萨克语探讨．奎屯：伊犁人民出版社，1987.

［17］托合塔森．语言与希望．北京：民族出版社，2010.

二、汉文参考资料

［1］曹伟．当前社会称谓语调查．语言应用研究，2010（3）．

［2］崔巍，张瑞．从亲属称谓语看汉，维民族文化差异．新疆大学学报，2010（4）．

［3］崔希亮．人称代词及其称谓功能．修辞学习，1999（6）．

［4］成燕燕．现代哈萨克语词汇学研究．北京：民族出版

社，2008.

［5］陈建民．语言文化社会新探．上海：上海教育出版社，1989.

［6］常敬宇．汉语词汇与文化．北京：北京大学出版社，2004.

［7］陈晓媚．汉维亲属称谓语对比分析．新疆教育学院学报，2007（3）.

［8］董为光．称谓表达与词缀"老"的虚化．语言研究，2002（1）.

［9］丁艳．"小姐"称谓语的古今嬗变及其文化成因．广播电视大学学报，2006（3）.

［10］潘攀．论亲属称谓语的简化．江汉大学学报，1999（4）.

［11］耿世民．维吾尔与哈萨克语文学论集．北京：北京大学出版社，2007.

［12］葛星．论新时代社交场合的女性称谓语．中华女子学院山东分院学报，2008（3）.

［13］胡士云．汉语亲属称谓研究．北京：商务印书馆，2007.

［14］华锦木，刘宏宇．维吾尔语谚语与文化研究．北京：北京大学出版社，2014.

［15］何星亮在．从哈、柯、汉亲属称谓看最古老的亲属制．民族语文，1982（5）.

［16］胡剑波．冒犯称谓语研究．上海：上海外国语大学，

2008.

[17] 胡霞. 称谓语的情感性特征. 江西教育学院学报, 2001（1）.

[18] 曹伟. 当前社会称谓语调查. 语言应用研究, 2010（3）.

[19] 崔巍, 张瑞. 从亲属称谓语看汉, 维民族文化差异. 新疆大学学报, 2010（4）.

[20] 崔希亮. 人称代词及其称谓功能. 修辞学习, 1999（6）.

[21] 成燕燕. 现代哈萨克语词汇学研究. 北京：民族出版社, 2008.

[22] 陈建民. 语言文化社会新探. 上海：上海教育出版社, 1989.

[23] 常敬宇. 汉语词汇与文化. 北京. 北京大学出版社, 2004.

[24] 陈晓媚. 汉维亲属称谓语对比分析. 新疆教育学院学报, 2007（3）.

[25] 董为光. 称谓表达与词缀"老"的虚化. 语言研究, 2002（1）.

[26] 丁艳. "小姐"称谓语的古今嬗变及其文化成因. 广播电视大学学报, 2006（3）.

[27] 潘攀. 论亲属称谓语的简化. 江汉大学学报, 1999（4）.

[28] 耿世民. 维吾尔与哈萨克语文学论集. 北京. 北京大

学出版社，2007.

［29］葛星．论新时代社交场合的女性称谓语．中华女子学院山东分院学报，2008（3）.

［30］胡士云．汉语亲属称谓研究．北京：商务印书馆，2007.

［31］华锦木，刘宏宇．维吾尔语谚语与文化研究．北京：北京大学出版社，2014.

［32］何星亮．从哈、柯、汉亲属称谓看最古老的亲属制．民族语文，1982（5）.

［33］胡剑波．冒犯称谓语研究．上海：上海外国语大学，2008.

［34］胡霞．称谓语的情感性特征．江西教育学院学报，2001（1）.

［35］海峰．古代维吾尔人名特点．青海民族学院学报，2007（3）.

［36］江结宝．亲属称谓语外化及其使用规则．语言研究，2005（10）.

［37］江雪清．称谓语的态度意义．牡丹江教育学院学报，2011（2）.

［38］靳晓红．大学生称谓语的习得．中国成人教育，2008（3）.

［39］计冬桢，范学．"同志"称谓语的"自由联想法"研究．修辞学习，2005（4）.

［40］金炫兑．交际称谓语和委婉．北京．台海出版社，

2002.

［41］邢颖 .'小姐'称谓语的演变及其社会原因 .科教文汇，2007（10）.

［42］李贺宾，夏汗哈孜 .汉族和哈萨克族亲属的称谓 .语言与翻译，1989（3）.

［43］李建宏 .浅析维吾尔大学生 QQ 昵称蕴含的文化特征 .语言与翻译，2013（3）.

［44］李明洁 .称谓图式：称谓语的认知模式 .汉语学习，2000（3）.

［45］李琼 .当代中国汉语社会称谓语变迁的研究 .西北大学学报，2011（6）.

［46］李占芳 .称谓语的隐喻用法及功能 .华北电力大学学报（社会科学版），2008（4）.

［47］刘彬 .称谓语中体现出的性别歧视现象 .焦作大学学报，2009（2）.

［48］刘萍 .称谓的语用意义及其翻译 .重庆交通学院学报（社会科学版），2003（3）.

［49］罗敏 .'人称代词＋的＋亲属称谓'与'人称代词＋亲属称谓'的语用功能比较 .邵阳学院学报（社会科学版），2006（3）.

［50］伦茜 .从新兴女性社会称谓语看现代女性时代特征 .佳林师范高等专科学校学报，2008（3）.

［51］马宏基，常庆丰 .称谓语 .北京：新华出版社，1998.

［52］穆尔汗·卡马勒汗.浅谈哈萨克语的避讳问题.语言与翻译，1997（3）.

［53］马天娇.大学生称谓语的使用情况调查研究.边疆经济与文化，2009（11）.

［54］彭文钊，赵亮.语言文化学.上海.上海外语教育出版社，2006.

［55］庞静.称谓语的变迁.科学之友，2010（3）.

［56］邱进."围城"称谓语语用研究.渝西学院学报，2005（5）.

［57］钱倩.夫妻称谓演变之探究.信阳农业高等专科学校学报，2006(2).

［58］苏新春.文化语言学教程.北京.外语教育与研究出版社，2006.

［59］苏静，路佳.论称谓的泛化.山东教育学院学报，2002（6）.

［60］佟靖.称谓语性别歧视探析.佳木斯大学社会科学学报，2010（3）.

［61］拜·杰特拜.哈萨克族亲属称谓语及其所包含的文化因素分析.西北民族大学学报，2013（5）.

［62］王火，王学元.汉语称谓词典.沈阳：辽宁大学出版社，1988.

［63］王劲松.'美女'称谓语泛华的原因及文化意蕴.河南师范大学学报，2007（5）.

［64］王宴，杨艳，冯霞.哈尼族亲属称谓语的特点及其

文化内涵探析.红河学院学报，2007（6）.

[65] 文忠祥.当前称谓语的演变及其社会意义.青海民族研究，2003（4）.

[66] 徐小婷.大学生使用称谓词语的语用原则及文化心理探析.济南职业学院学报，2012（5）.

三、外文参考文献

[1] Bolash Shokeyev.Research on Some Expressions on Kazakh Animal Husbandry.Studies in Language And Culture of Central Asia Nationalitis,.Beijing.China Minzu University Press.2012.6.

[2] C. Matin Wilbur Address, The Presidential Address: China and the Skeptical Eye, The Journal of Asian Studies, Vol. 31,No. 4 (Aug., 1972), PP. 761-768.

[3] David B. Kronenfeld, Issues in the Classification of Kinship Terminologies. Toward a New Typology, Bd.101, h. 1. (2006), PP. 203-219.

图书在版编目（CIP）数据

中国现代哈萨克语社会称谓系统研究 / 迪亚尔别克·阿力马洪著 . -- 北京 : 民族出版社 , 2023.11
ISBN 978-7-105-17141-5

Ⅰ. ①中… Ⅱ. ①迪… Ⅲ. ①哈萨克语 (中国少数民族语言) —称谓—研究 Ⅳ. ① H236

中国国家版本馆 CIP 数据核字 (2023) 第 240346 号

中国现代哈萨克语社会称谓系统研究

策划编辑：杰恩斯别克 · 托兰德
责任编辑：贾俊杰
封面设计：刘福勤
出版发行：民族出版社
地　　址：北京市东城区和平里北街 14 号
邮　　编：100013
网　　址：http://www.mzpub.com
印　　刷：北京中石油彩色印刷有限责任公司
经　　销：各地新华书店
版　　次：2023 年 12 月第 1 版　2023 年 12 月北京第 1 次印刷
开　　本：850 毫米 ×1168 毫米　1/32
字　　数：200 千字
印　　张：9
定　　价：35.00 元
书　　号：ISBN 978-7-105-17141-5/H · 1240（汉 431）